科研有方

——科研需要"想好"再"做"

栾浩 樊凯 项阳 著

西安电子科技大学出版社

内 容 简 介

　　本书是作者多年来从事科研工作及论文写作的一些经验总结。全书共四章，从做科研的准备工作、做科研的思考方法、英文写作经验和技巧以及科研工具四方面，系统地介绍了科研论文从提出问题、思考问题到最终完成写作的一些独特经验和技巧。通过阅读本书，读者可以对如何读博士、做科研以及与导师合作工作有更为深刻的理解。

　　本书所介绍的是非常细致的科研思考和论文写作步骤，适合从事计算机科学与信息工程相关专业领域科研工作的高年级大学生、硕士和博士研究生阅读。

谨以此书献给我的父亲栾焕斌先生，母亲姜爱萍女士，以及我的恩师沈学民教授。是他们多年来给予我的支持、鼓励和教诲，超越了一切理性思维和分析的力量，支撑我勇敢前行。

——栾浩(Tom H. Luan)

Forward

I would like to congratulate the authors for publishing such an interesting and useful book. It aims to help graduate students in better understanding the way to do their research and technical writing. The book not only is based on the author's first-hand experience, but also incorporates rigid logics with great enthusiasm!

The graduate studies, especially in the PhD program, are in general a long and challenging path, no matter which discipline you are in and what research subject you focus on. Very often, students get frustrated with or lost in their research problems, and do not know how to proceed with their work. If it happens to you, reading this book should be very useful; otherwise, likely the book can help you to improve your working efficiency. The path of carrying out research is unique for each student. It requires passion, hardworking, and patience to be successful. Furthermore, working efficiency is very important. Improving the efficiency is a learning process itself. The research achievement depends on the integration of efficiency over time that you put into it. This book presents various perspectives on the topic. I hope you enjoy reading it and find it useful.

University of Waterloo,
Waterloo, Ontario, Canada
Xuemin (Sherman) Shen
2013.12.4

序

首先，恭喜本书作者出版了这本有趣且实用的书。这本书的目的是帮助研究生更好地了解做科研和撰写科技论文的方法。本书不仅是基于作者的第一手经验撰写完成的，同时也具有很严密的逻辑性和作者的写作激情。

不论从事什么样的学科或学术领域，研究生学业，尤其是博士研究生学业，通常是一段漫长且艰辛的路程。面对十分复杂的科研问题，同学们经常会感到沮丧甚至迷失，从而不知道如何继续开展工作。如果你遇到了类似的情况，阅读本书将会让你受益匪浅，或者至少可以提高你的工作效率。科研的道路对于每一名学生都具有不同的挑战。它需要激情、勤奋以及耐心才能最终成功。除此之外，工作效率也非常重要。如何提高工作效率本身也是一个需要不断学习的过程。科研的产出是由效率和工作时间共同决定的。本书将针对这些话题从不同方面进行深入讨论。我希望你们会享受这个阅读过程，并从中受益。

沈学民
于滑铁卢大学
2013 年 12 月 4 日

前　言

这是一本什么样的书？

写本书主要有两个目的。第一，介绍一些作者在做科研和写论文方面的技巧，希望能起到抛砖引玉的作用，为读者提供一些有用的信息，帮助他们总结出一套属于自己的科研和写作方法，从而多快好省地完成科研工作。第二，希望以学长的身份，给刚刚开始读博和准备读博的同学一些建议，解决他们在读博过程中可能碰到的一些迷惑和困扰。对于很多人而言，读博是独立工作的开始，而独立所导致的孤立无援会大大消耗他们的战斗力。孤立无援首先是遇到了思想上的问题，因此更需要方法上的帮助。作为过来人，我们在本书中试图解答一些曾经困扰我们的思想问题，希望帮助后来人振作精神，看清前边的路。此外，本书还介绍了一些具体的科研方法。

本书还有一个客观的作用：帮助导师指导学生，或者帮助学生更好地跟导师合作。导师跟学生的关系，更准确地说是co-worker(合作者)。很多学生从本科升入研究生时还不是很成熟，始终把自己当学生而不是一个工作者，因此比较依赖老师或其他人。什么时候认清了自己的角色，认清了自己跟导师和其他人的关系，认识到自己应该是去独立地工作，什么时候才算真正地进入到读博士的状态。导师可能是我们人生中的第一个"同事"或"老板"，因此我们会着重介绍一些跟导师合作的经验。

本书跟其他介绍科研方法的书有什么不同？

本书介绍的是一些比较细致的做科研的技巧，比如如何提高英文写作能力，如何写出好的英文论文，如何思考科研课题。打个比方，其他介绍科研方法的书，可能多为"内功心法"，即教你如何提高自身修为和思考水平从而提高科研能力。而这本书主要介绍的是"武功招式"，通过"机械"地模仿这些招式，配合自己的语言和思维，就可以应对各种科研问题和论文写作。

形象地说，本书介绍的是我们自己在做科研和写论文上采用的一些"工序"。科研问题可以千变万化，但是对于每个人而言，基本的工序却可能是固定的。这就是我们在处理抽象事物时通常采用的方法：用具体的方法来指引我们处理抽象的事物。这跟画家作画有些相似：在他的脑海中有一幅画面时，他会先在画板上进行必要的规划、布局和勾勒，然后再一点点将脑中抽象的东西变为具体的可以看得到的图画，而不是提笔就画，想怎么画就怎么画。作家也是如此，在有了基本的情节构思之后，一定也会有一些具体的方法来帮助自己把大脑中的故事有逻辑、有步骤地呈现出来，而不是提笔就写，想到哪里写到哪里。未知的科研问题对于我们而言就是一片黑暗，科研方法是系在我们腰间的绳索，在黑暗中我们只有牢牢抓住绳索才能保证向着正确、安全的方向前进。如果你现在还没有找到这样一条绳索，希望本书可以帮助你。这条绳索在使用时可能需要调整，但是它使用得越多，系得会越紧、越扎实，你在科研这条路上也会走得越顺畅。再说多一点，我们的人生其实也是一片黑暗，你很难看清前边的路，因此也需要一条绳索系在腰间。如果你在做科研的时候能够成功地为自己系一条绳索，那么面对未知的人生，你也许可以吸取一些经验，为自己的人生再系一条好的绳索。

本书应该怎么读？

本书仅有 100 余页，很容易读完，却不容易真正消化吸收，因为它介绍的是方法。对于方法，如果你不动脑子自己想，思考方法的内容、原因和逻辑，那么你很难吸收这种方法。因此，读这本书一定要过脑，通过自己的思考真正地吸收一些有用的信息。我们建议读者把本书读三遍。第一遍读主要内容，思考我们介绍的方法和经验。读完后，在每页的边白处针对一些重要的内容和自己想到的东西做一些笔记。第二遍读我们在左边或右边边栏中提炼出的文字，并结合自己后来在科研中的实践补充一些自己的笔记和经验。第三遍读自己的笔记，提炼出属于自己的方法，也就是之前提到的做科研的绳索。在对自己写作和做科研的方法使用不熟练时，通过读自己的笔记来指导自己。在每章的末尾，我们简要总结了一章中讲述的主要内容，希望读者在读完每一章后，可以回顾我们之前提到的内容，在脑子中过一遍，补充自己的笔记。

　　总之，我们希望读者可以通过阅读本书，总结出一套属于自己的做科研的工序和方法，并且可以从头到尾，按顺序一步步将这种方法罗列出来，就像高中时所学的解题步骤一样明确。这个科研方法，你必须能够很明白地讲述给别人。在我们看来，一个人对于自己的科研和思维方法，如果只是模糊地感觉到存在而无法用言语清晰地讲述给别人，那么他不算是真正地拥有自己掌握的方法。就像我们给别人介绍科研问题和设计，如果只能感觉到问题很重要，自己的设计很巧妙，而无法准确阐述去说服别人，那么说明我们对这个科研问题还没有理解透切，我们的设计方法还不够完备和有逻辑性。

本书具体讲了些什么？

本书分为以下四章：

在第一章中，主要介绍做科研的一些准备工作。首先是做好思想准备，主要介绍博士的工作性质、读博可以带给我们的益处和博士的毕业标准。了解这些问题可以让我们对眼前的路有更清晰的认识，从而知道自己是否应该选择这条路，以及向什么方向努力。其次，我们介绍了一些比较具体的做科研需要掌握的资源，包括互联网上的信息、图书馆的服务以及如何利用学校所提供的课程资源。

在第二章中，主要介绍了如何做科研。我们将科研分为三步：提出问题、分析问题和解决问题。当拿到一个新的科研课题时，我们需要提出好的科研问题，找到正确的科研方向，然后逐步解决这个科研问题。做科研的关键在于有技巧、有步骤地进行思考。思考的过程中需要阅读大量文献。这一章我们穿插介绍了如何在科研不同的阶段中"读"文献。

第三章主要介绍英文写作的一些基本技巧。在本章中，我们首先介绍如何长期积累英文语言，从根本上提高自己的英文写作技能。其次，我们介绍了具体的写作步骤，包括如何规划全文，然后按章节、有目的地完成论文写作。

在第四章中，介绍一些做科研的工具，主要介绍了 Maple、Latex 以及离散事件仿真器的基本架构及使用。

最后声明两点。第一，本书是个人经验的总结，希望读者在阅读时能够抱着批判继承的眼光，去粗取精地吸收。和学术论文一样，发表的东西只是用来传播见解和认识的，绝对不代表真理，况且真理的真伪也需要结合特定的应用环境而定。本书中对我们有用的方法，未必适用于其他人。因此希望读者能够带着自己的思维去阅读，结合自己的实际情况和习惯去获取需要的东西。倘若读者发现了本书中的一些错误，或者想对本书的内容进行补充，请致信本书作者 tom.luan@deakin.edu.au，我们不胜感激。第二，本书有些论述可能与诸位导师的教诲和所传授的思想发生冲突。还望读者此时多加斟酌，以导师教诲为准。

本书的作者主要从事的是通信网络领域的研究，因此，本书所介绍的科研方法最适合刚刚进入到通信以及计算机领域的博士和硕士研究生阅读。对于其他学科，本书所介绍的科研和写作方法仅供参考。

本书中所介绍的一些工具和资料，可以从本书的网站(http://anss.org.au/ members /thluan/book.html)获取。

本书得以顺利完成并最终出版，赖于西安电子科技大学出版社相关人员的辛勤工作，尤其是阔永红主编、雷鸿俊编辑和曹媛媛编辑的帮助。在此特表感谢！

本书仓促成稿，未免粗陋，还望海涵。

栾浩 (Tom H . Luan)
2013 年 12 月
于澳大利亚迪肯大学
(Deakin University,Melbourne, Victoria, Australia)

目　　录

第一章

做科研的准备工作

本书的目的是介绍做科研的一些"招式"，而要灵活运用这些招式，一定需要"内功修为"。因此，我们在讨论具体科研方法之前，先介绍一些必要的准备工作和解决一些思想问题。

1.1 选择读博，你是否知道为什么

读博，对于很多人来讲是人生的第一个岔路口。选择这条路可能会彻底改变你的一生。因此决定读博前，一定要清楚自己读博的目的是什么，读博能给自己带来什么，应该怎么去获取自己想要的东西。想要了解这些，我们需要知道博士的工作内容、性质和奋斗目标。然而这是很多未读博或者刚刚读博的人所无法获知的。希望我们后边介绍的内容可以起到一些参考作用。

本节我们讨论三个关于读博最大的疑问：博士

选择读博这条路可能会彻底改变你的一生。因此决定读博前，一定要清楚自己读博的目的是什么，读博能给自己带来什么，以及自己应该怎么去获取自己想要的东西。

是什么？读博有什么用？怎样才算是一个合格的博士？这些曾是困扰作者相当长一段时间的问题，所思考出的结果也是直到我们自己博士毕业后才有所领悟的。对于这些问题，早一天解决，可能就能让你早一天进入状态。

🔔 问题一：为什么要读博？换言之，博士和其他人的区别到底是什么？做科研到底能为我们的人生带来什么？

博士的主要工作就是做科研。科研，就是进行抽象思维然后创造新事物的过程。比如导师要求我们：设计一个通信协议，可以让车辆之间进行视频会议。那么我们就需要自己去分析这里存在的技术难点，然后解决这个问题，"发明"出这个通信协议。甚至有些情况下，导师只会要求我们：发明一个车辆上使用的东西，它是高效并有前景的。然后我们自己去想象和论证这个有效、有前景的东西是什么，之后再去实现它。因此，科研就是从无到有的创造过程。系统地说，在这个过程中，我们首先需要考察科研问题的需求和亟待解决的问题。然后通过自己的思考给出解决这些科研问题和满足科研需求的方法。因此，这是一个系统的、逻辑严密的过程：根据具体的科研和工业问题，进行有针对性的、系统的、严密的思考，从而提出有效解决这些问题的创新方案。

在读博期间，我们需要完成多项科研任务，并完成相应的科研论文。每次完成一篇科研论文，其实就是完成一次这种系统思考的过程。因此读博的过程，就是不断地强化训练这种系统思考的过程。换言之，读博的目的就是让自己具有这种从科研需求(或者说人类生产、生活中的需求)出发，一步步找到满足这种需求的解决方案的系统思考的能力，从而最终使博士成为一个成熟的脑力劳动者，能够快速吸收新信息，通过思考和脑力分析，提出有效的解决方案。这也正是博士和其他人或者一般工作者的区别：博士善于思考，善于发现生产、生活中的问题，并提出相应的解决方案或者改进方法。而其他工作者，例如编程人员，更善于完成某种技能工作。因为具有这种分析和思考能力，博士更善于在团队中做规划者和领导者。他们更善于根据客户的直接需求设计有针对性的、创新的、系统的解决方法，然后将这个方案的实现划分为模块，交给不同的技术人员分别实现。说句题外话，博士很容易当老板。因为博士需要的只是老板告诉他们：去设计一个东西让我们盈利。讲这句话容易，谁都可以说。而实现它可能只有博士能够完成。

　　博士最重要的技能就是系统的思维。而系统的思维不一定要读博才能练就。在社会这所大学，在实际的环境和压力下，也会促使一个人不断地去思考、练脑，成为客观的"博士"。所区别的是，博士有更明确的专业方向和积累的专业知识。因此，如何协调和充分利用你的专业知识及系统思考能力，是你博士毕业后掌控人生命运最重要的手段。

　　此外，读博所训练出的这种系统思考方式，不应该仅限于科研领域。可以把这种思考能力应用到

读博的过程，是不断地训练系统思考的过程。每完成一个课题或者一篇论文，就是重复一次这种思考的过程。通过反复的训练，最终使博士成为一个成熟的脑力劳动者。

生活中的各个方面。这样，你会发现生活中充满了科研问题，处处都需要进行深入、系统的思考，以不断提高我们的生活质量和工作效率。例如，博士开餐厅，应该把让餐馆生意兴隆作为自己的科研目标。为什么餐馆盈利受到限制？怎么才能吸引客源？怎样根据餐厅所在位置，针对周边人群设计他们喜欢的菜式？这些都是科研课题。

🔔 问题二：博士的毕业标准是什么？

了解博士的毕业标准很重要，应该是博士入学做的第一件事情。因为明确了这个方向，才能在读博期间朝着这个标准不断地努力，用这个标准来时刻评判自己，训练自己。

但是对于很多人，在读博期间可能都不了解这个毕业标准，包括我们自己在内。幸运的是，很多导师其实都是客观地用这种标准在训练、培养自己的学生。

博士的毕业标准，我们认为是可以"独立"开展科研工作。也就是说，可以脱离导师，在全新的环境中，独立率领一个团队，进行有价值的科研活动。

"独立"意味着博士可以独当一面，不需要任何人的指导、帮助和规划，独自寻找科研方向，确定在该方向下的科研问题，然后率领自己的团队完成自己确定的科研课题。作为博士生，当你有能力和有信心做到这点时，你才能脱离导师，有勇气毕业，有能力和勇气去外边的世界独闯一片天地，独自面

博士的毕业标准是可以独立开展科研工作，能够在未来的工作中独立工作，独当一面，独自面对工作中的挑战。

对未来的工作压力。记得我刚刚开始读研究生的时候，有位跟我关系很好的师姐准备博士毕业答辩了。但是她对我说，觉得自己还没准备好毕业，还不觉得自己配得上"博士"这两个字。类似的忐忑心情，我有位师兄也表达过。也是在他即将毕业的时候，他觉得自己还应该再做一段时间。面对未知的未来，我们都会恐惧。能消除这种恐惧的唯一方式，就是我们自信自己能够独立地克服困难，在未来的科研中独立探索。

我曾经读过一篇未名空间(MITBBS)上的帖子，是一位美国高校的老师写的，讲述关于自己的一位新来的同事的故事。他的同事是美国名校毕业的，导师在学术领域很有影响力。这个同事在读博期间发表了很多论文，也很顺利地找到了教职。但是脱离了导师以后，这位同事的论文投稿经常被拒。这位同事很生气，经常找编辑理论，也经常在这位老师面前抱怨，说审稿的人水平太差，对自己要求太严苛。这位老师非常感慨，一方面批评那位老师心高气傲，另一方面感叹自己出身寒门，对这些事情早已见怪不怪了。这种挫折和沮丧早在自己读博的时候就体会到了。因此，他参加工作后，能够很坦然并且很积极地面对这一切。他的这位同事则生活在导师的保护伞下，曾经的辉煌让他过高地估计了自己的能力，突然面对挫折时就变得茫然不知所措了。

总之，我们在读书时应该训练自己独自探索和独立生存的能力，对于自己的科研能力和论文质量应该有清晰准确的评估。有些同学可能埋怨自己的

在读书时应该训练自己独自探索和独立生存的能力。

导师对自己指导不够。其实导师过分的指导未必是好事，这可能使你成长缓慢。一般来说，很少有导师能够很细致地指导学生，国内国外都一样。

🔔 **问题三**：在读博的过程中，导师到底扮演什么角色？

刚刚开始读博的同学，他们对做科研还是一头雾水或者还在探索中。在这个过程中，他们很容易感受到挫折，因此希望从导师那里获取更多的帮助。然而事实大多是，无论在国内还是国外，导师都很难提供有效的帮助和非常细致的指导，甚至很难抽出大量时间来持续辅导某个学生。这使得学生对于导师可能颇有微词，认为导师没有尽到自己的义务，配不上"导"这个字。这种想法，严重时可能导致博士生放弃读博，或者转投他人。

其实导师所能帮助学生的，只是提供科研方向和一些科研设备及环境，比如实验室设备、学习环境等。说得直白点，就是给一台电脑和一份奖学金。对于具体如何完成科研问题，采用什么样的数学工具和方法，如何分析和完成仿真之类的种种具体实际问题，导师是很难帮忙的。这一方面是由科研工作的性质决定的。每一项科研都是一项发明，是一个从无到有的创造过程。否则也不用我们探索，直接套用以前的方案就行了。由于是全新的、未知的内容，导师也不一定清楚科研的最后结果和实现方法到底是什么，因此也需要摸索和猜测，很难提供准确的指导意见来帮助学生。而且随着科研和思考

很少有导师能给学生很多以及很"有效的"指导。是否有效，取决于想获取什么以及你自己是否积极主动。

的深入，导师所能提供的经验参考可能也就越来越少。另一方面，导师经常需要负责多个研究项目，同时跟进多个学生的科研。他们只能宏观把握这些科研课题的方向和进度，很难具体深入到每一个领域给学生指导意见。因此，责怪导师指导不给力，实在是冤枉了导师。其实，我们在生活中常会遇到各种不顺心的事情，积极地解决问题才是正道。埋怨别人、消极等待，伤害的只能是自己。

我读硕士时的导师有次出国很久回来，我跟实验室的师兄一起去见他，我们分别汇报了各自的工作情况和面临的问题。导师听得很仔细，而且提出了比较具体的疑问，但仅限于此。他不可能告诉我们应该用什么方法去解决这些问题。我和我师兄的科研方向差得很远，我的导师能立刻转换思维，在脑中想象不同的科研问题，同时回忆起之前的工作结果，这已经真的很难得了。

李开复也曾在他的书中讲述自己的读博经历。他曾就读于卡内基·梅隆大学，导师是图灵奖获得者。他说师从名门，别人可能认为他从导师那里学到很多，受益匪浅。但事实是他的导师很忙，跟他见面的时间都很少，很少能真正指导他什么。他的科研主要靠自己的独立探索，甚至在最迷茫的时候，也只能打碎牙齿往肚里咽(这种表述可能不合适，但是这种感觉很贴切)。正是因为这种训练造就了他。当他毕业后，他可以很自信地说自己能够脱离导师开展科研以及独立探索和思维。也正是这种独立能力，让他在以后的工作中可以独当一面，成为一位成功的职业经理人和老板。

结合我们在以上两个问题中所讨论的,我们经常需要自我调整,能够在导师的粗略规划和指导下独立地进行科研工作。

我们并不是说,遇到科研问题不应该找导师。我们强调的是,要清楚自己到底想从导师那里获得什么,以及导师有没有可能提供,如果导师无法提供有效的帮助,自己应该怎么办等一系列问题。还是那句老话:要想解决自己的问题,你只有靠自己积极和主动。李开复在自己的书中也说过类似的话:没有人比你更了解自己,也没有人比你更关心自己的前途和发展。

对于每个同学,都应该结合导师和自己的具体情况来调整自己的科研策略,高效调动和利用自己的资源。这其中包括如何高效地利用和导师见面讨论的机会。

以前我在读硕士的时候,每周都会跟导师有一个小时的单独讨论时间。然而直到快要毕业了,我才学会了如何使用这一个小时来让导师有效地对我进行指导。因为我之前对这一个小时的使用完全是采用一种被动的方式,等着导师帮我思考和向我提出问题,没有主动地去运用这一个小时。我和很多老师讨论过这个话题,他们都有类似的经历。导师和学生讨论时,学生缺少主动性,总是在等待导师对他们做出安排和指导,或者丢给导师一篇论文,然后等着导师告诉他们怎么改,完了以后怎么办。如果你有类似的情况,请务必记住:你需要主动地思考和规划如何利用这一个小时的时间,高效地与导师进行交流,来为自己服务,为自己解决亟

没有人比你更关心自己的前途和发展,也没有人有义务去关心你的前途和发展。你应该自己去积极主动地解决自己面临的问题。

和导师讨论问题,你需要主动地策划讨论内容,控制讨论进程,总结讨论的结论。

待解决的问题。而不是被动地等着导师来告诉你应该做什么和怎么做，等着他们为你解决问题。换位思考一下，如果你是导师，一天需要处理几百封电子邮件以及填写各种学校和实验室的表格及文档。当你坐在办公室想着其他事情的时候，一个学生突然敲门进来，提出了一连串莫名其妙、没有上下文的问题，把你带入到困扰了他几天几夜甚至几个星期的苦恼问题中，还要求你能迅速了解到其中的关键，然后启发他找到解决这些难题的答案。你不觉得这是强人所难了吗？总而言之，要利用好和导师的讨论时间来为你自己服务，你需要自己主动，而且要有策略。

如何规划，并且充分利用这一个小时，我们有以下建议：

第一，做好准备工作。首先，你应该事先想清楚自己到底要和导师讨论什么问题，自己想要从导师那里得到什么答案。把这些问题清楚地标上顺序，记录在笔记本上。这样你在给导师讲述的时候，可以从容地照着笔记上的思路讲，才不至于东拉西扯地临时去想。与导师讨论的时候，按照笔记本上记录的问题，一个一个依次、清楚地完成。其次，在跟导师讨论前，你应该用简单、明了的方法描述你的工作进展和之前讨论的结果，也就是要讨论的问题的背景，以便在开始讨论时，快速引导导师的思路进入到你要讨论的主题中来。这种背景介绍可能包括写一个一页纸的报告(Report)或者几页幻灯片，让导师在讨论时阅读。应该清楚地描述科研问题 (Problem Statement)、科研动机 (Research

和导师讨论问题，你应该：
(1) 讨论前准备充分；
(2) 讨论时控制、引导话题；
(3) 讨论后跟进、总结。

Motivation)、准备采用的科研方法(Methodology)以及在这个思路上面临的问题。对此我通常选择写出来,让导师自己去阅读。导师自己阅读有几个好处:首先,写出来的东西比口述的更清晰,内容和逻辑组织更明确;其次,导师自己去阅读,可以让他们反复斟酌和思考,根据自己的理解程度来控制阅读的进度,从而更容易让他们吸收信息,了解你所面临的问题;最后,在与导师讨论时,你往往还需要针对讨论的内容,准备一些文献,比如相关的论文,方便讨论过程中导师需要时查阅。

第二,讨论时,把握主题,控制讨论内容。与导师讨论时,你需要充当讨论的主持人(Host)的工作,控制讨论的主题。这个讨论的主题,就是你在讨论前的准备阶段中记录在笔记本上的问题。可能你在跟导师讨论的过程中,往往会不由自主地偏离讨论的主题,讨论到其他问题上。这个时候,你需要把讨论的重点拉回到原来的主题上来。比如你本来和导师讨论一篇文献,结果导师发现这篇论文的其中一个作者是他以前的朋友,就开始跟你讲他朋友的轶事,还带出自己曾经的一段美好回忆。这个时候,你需要巧妙地打断他,把导师拉回到你关心的问题上。当你确认了一个问题得到解决后,再开始讨论下一个问题。否则你就应该想办法委婉地重复你的问题或者追问下去。对于导师的意见,一定要做笔记。我个人建议,你可以准备一个本子,专门用来记录和导师讨论的问题和结果,这个本子不要再做其他用途。这样,你可以快速地查阅出之前讨论的问题和记录的导师意见。最后,讨论结束时,你应该简要地总结讨论的结果，发信给导师，以使导师能够跟进讨论的结果。同时自己简要备案，以方便第二天自己跟进。不要睡了一觉，第二天全忘了。因此，我建议和导师讨论的时间不要放在周五。过个周末可能讨论的后劲就没有了。也许你的导师平常很忙，你认为即使自己总结了讨论结果，发信告知了导师你的反馈，导师也没空仔细看并提出进一步的意见，所以你想省略了这步，给自己省事。事实上我觉得也的确如此，导师很少会仔细看你发来的信。但是发信给导师，总结讨论内容和你的想法，是一种跟导师或者以后工作的老板做事很好的态度和习惯。这会帮助导师加深对你和你科研的印象，可能对你能有更好的指导。同时也会让导师觉得你是个做事靠谱、有头有尾的人。这一点，是我的导师曾经给我们实验室学生的反馈。

总之，导师所能提供给我们的时间和精力是非常有限的，因此如何充分利用好这非常有限的资源是我们读研和读博中非常重要的问题。我们会在后文中再次提到这个话题，讨论如何让导师更好地为自己修改论文。

有些人可能把和导师讨论当做任务甚至是苦差，进入导师办公室就想着怎么尽快走出去。所以让他们去积极、充分地组织讨论可能是痴人说梦。如果你有这种情况，我在这里奉劝一句：如果你积极地去准备话题，你跟导师谈的东西会比较充分，那么跟导师见面的这一个小时你会觉得非常短暂，而且导师也会觉得比较充实。反之，如果你找不到好的讨论话题，那么就只能听导师讲。导师不会去准备讨论内容，只会知道你工作了一周又毫无进展，很难保证不会因为你的低效率而训斥你，那么这一个小时可就真是度日如年了。

1.2　你需要为自己制订"培养计划"

本节不介绍科研方法，但其内容对我们的科研甚至人生都很重要。写在开篇，也是希望能提前引起同学们的重视，能认真思考。

每个人都应该为自己的人生制订一个培养计划，积极、自主地培养自己，对自己负责。

在本科毕业之前，我们都是按照别人为我们规定好的路往前走。我们和周围的同学都是群体中的一分子。我们使用一样的教材，遵循类似的本科培养计划，使用同样的考试题目，都有一个共同的、明确的毕业和升学目标。很不幸，本科毕业以后，一切都变了。我们是独立的个体，再也不是一个群体中的一员，不能随波逐流了。这个时候，没有人告诉我们应该怎么做，应该朝什么方向去努力。也因此，若干年后你会发现自己和同学间的差距越来越大。人生接下来的路怎么走需要我们自己去规划。即使我们可能还留在学校读研或读博，我们还有导师、师兄和同学，但是导师所能提供给我们的可能只有一台电脑、一张桌子。在实验室里，我们不再使用统一的考试题目，也没有教材来指导我们如何进行科研。实验室的师兄和同学，各自有不同的科研课题和各自的追求，每个人都很忙，没空去

你需要自己去培养自己，为自己制订一个目标，并向这个目标努力。

这个目标不一定是职业目标，比如当教授，当职业经理人。这个目标可以是具备某种能力，比如独立思考、财务分析、口才等。

为我们想问题，给我们帮忙。因此，我们需要一个人去奋斗。

　　还是之前那句话：这个世界上，没有人比你更关心自己的前途，也没有人比你更应该关心自己的前途。因此没有人会为你代劳来培养自己。有时候我跟朋友聊天，发现基本上所有的导师对自己的学生都是"放羊"和"散养"的方式。其实这在主观和客观上都是最有效的方式。一方面，如我们之前所述，导师的确很忙，很难进行具体、有针对性的指导。他们没有时间和精力，因此只能"放羊"。另一方面，大浪淘沙，能在这种环境下独立生存下来的出类拔萃者，才是真正的人才。如果过多地干预，则很难找到真正的人才。因此从导师的主观角度讲，可能也觉得应该"放羊"，这样才能炼就学生的独立科研能力。但是从我们每个人自身的角度出发，当然不希望自己是被淘下的沙子。因此，你需要知道如何在大浪中不被冲去，让自己能很好地生存下来。这就是我们这里要讲的——自己去培养自己。

　　制订个人培养计划，最重要的是设定人生不同阶段的目标。在本书中，我们经常强调一个词：目标。我们做每一件事情都应该有目的或者目标。有了目标，我们才知道如何向这个目标去努力，从而充分利用时间；才知道我们做了一件事情，是不是完成了这件事，是不是达到了目的。反之，如果你做一件事情，连目标都不知道，那么你怎么知道自己是不是做完了这件事，是否达到了目标，应该向什么方向努力。比如，你读博的目的是什么？知道

我们做每一件事情都应该有目的或者目标。有了目标，我们才知道如何向这个目标去努力，从而充分利用时间；才知道我们做了一件事情，是不是完成了这件事，是不是达到了目的。反之，如果你做一件事情，连目的都不知道，那么你怎么知道自己是不是完成了，应该怎么去完成。

了这个，你才可以在读博的时候朝着这个方向去努力，才能知道自己花费了 5 年的时间，收获的是什么，才知道自己到底是不是可以毕业了。每次开始进行一个新的科研课题，你需要知道自己的科研目的是什么。这样你才知道在论文中描述什么，怎么说服审稿人认可你的贡献，接收你的论文。见导师谈话及和导师讨论时，你需要知道谈话的目的是什么，清楚所要讨论的目的是什么，才知道是不是可以结束讨论了。读一篇文章，你也需要知道目的是什么，你想从这篇文章中获取什么，是不是应该继续读、重复读，还是可以停止了。甚至在每天里的每一个小时，你都应该清楚地知道自己要做什么，需要完成什么。这样你才能高效地利用自己最有精力的时间去工作，从而获得最大的产出。

我想很多人听到我这么讲，得到的不是启发而是沮丧。因为感觉做人很辛苦，要思考这么多，过得这么累。其实与做一件事相比，思考做这件事的目标只花很少的时间。比如我们读博会用 4 到 5 年的时间，而思考读博的目标和如何读博最多只需要用几天的时间。我们做一个科研课题、写一篇论文通常需要几个月的时间，而确定这个论文的目标可能只需要几个小时的时间。因此，制订一个明晰、准确的目标虽然是个痛苦和辛苦的过程，但是它只需要花很短的时间，却可以让我们在接下来的执行过程中更加顺利，享受很长的轻松时间。如果不制订目标而是乱打乱撞，那么后边的路就是长痛。长痛自然不如短痛。最后顺便说一下，思考奋斗目标，或者确定奋斗方向，是最耗费脑力的，是真正的脑

在一生中我们需要不断地思考，思考的主要内容就是做每一件事的目的或目标。这样才能让我们不在人生的道路上迷失，才能更高效地利用我们的时间。

力劳动。我之前说过，读博就是练脑。练脑的关键其实就是制订目标和确定方向。做到这点的叫智慧；做不到的，最多叫聪明。

最后总结一下，在一生中我们需要不断地思考，思考的主要内容就是做每一件事的目的和目标。这样才能让我们不在人生的道路上迷失，才能更高效地利用我们的时间。

1.3 做科研的准备工作

下面我们将介绍一些开始做科研时应该掌握的科研资源，充分利用这些资源会对我们的科研有很大的帮助作用。

1.3.1 图书馆资源

从科研的角度，充分了解自己所处环境的科研资源，就是充分利用这些资源的第一步。科研资源很重要的一方面就是图书馆。因此新入学的博士生应该首先了解图书馆所能提供的服务。在国外，图书馆资源通常有以下两个方面：

(1) 论文数据库：大部分的高校都可以在实验室或者利用学校的网络直接检索 IEEE Xplore 和 ACM Portal 上的论文。一般图书馆也有直接联入这些数据库的方法。在这里，我要强调的是使用 ProQuest 进行博士毕业论文搜索。ProQuest 可以搜索北美很多高校的博士和硕士论文。阅读博士毕业论文与阅读会议期刊论文相比，通常会更加详实、易懂，对于科研问题的阐述更系统。

从 ProQuest 上下载 Ph.D. Thesis.

(2) 图书资源：国外的图书馆通常会提供 Inter-Library Loan 服务，也就是可以在本校的图书馆直接借阅本地区内其他图书馆的书籍。对于一些年代久远、不容易运输的图书资料和期刊论文，图书馆可免费为学生提供复印件。这些服务往往是免费的，但是需要学生通过特定的网页和手续提交请求。为了向学生介绍图书馆提供的服务，图书馆可能会定期组织报告会，介绍图书馆的服务。

了解一下图书馆提供的服务。

1.3.2 互联网资源

互联网的出现，大大方便了我们的科研工作，使得全世界科研界成为了一个交流通畅、了解便利的群体。利用网络资源，快速获取科研动态和最新科研成果是我们应该掌握的技巧。作为网络通信方向的博士生，除了会使用网络数据库，例如 IEEE Xplore 和 ACM Portal 查找论文外，我们还需要会使用 IEEE 所提供的一切其他网络服务来及时跟进科研的发展。以下为笔者所掌握的一些有用的科研信息渠道。

第一，注册 TCCC Mailing List。TCCC 是 IEEE 通信协会(Communication Society，ComSoc)的下属组织 (http://committees.comsoc.org/tccc/)。TCCC Mailing List 通过 E-mail 免费注册，如图 1.1 所示。TCCC Mailing List 公开运作，每个注册人员都可以通过它向注册人员群发信件，用于向通信方向的科研人员公布领域内的信息。这些信件主要包括通信相关会议的征文通知(Call for Papers)，及时获得征文信息可以让我们更好地规划科研论文提交过程

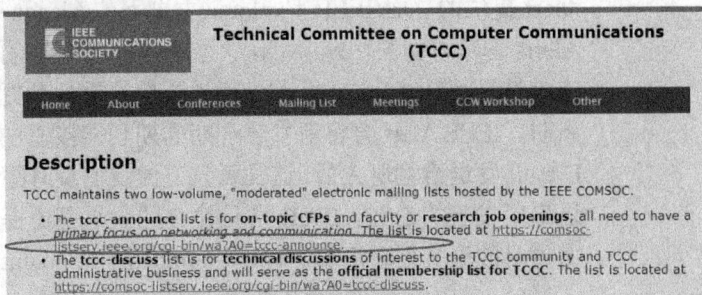

(a) TCCC Mailing List 主界面

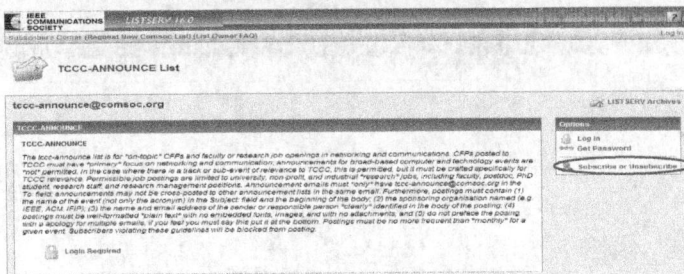

(b) TCCC Mailing List Subscribe 界面

图 1.1　TCCC Mailing List 注册步骤

以及了解学术界最近的科研方向。TCCC Mailing List 通常还会发布一些全球科研界通信方面的招聘信息，例如博士生招生信息、博士后以及教师的招聘信息。通过这个 Mailing List，不同学校的科研工作者还可就某一科研问题进行讨论。不过这一般都限于学术泰斗之间，我们最好还是悄悄地听着就好了。我曾看到有国内的学生不会做网络课程的作业题目，发到这里询求别人解答，结果当然可想而知。

第二，注册 IEEE Alert。IEEE Alert 用于向注册人员提供期刊的最新更新。注册人通过 IEEE

Alert 提供的界面(IEEE Explorer 主页下的 Manage Alerts 选项，如图 1.2(a)所示)，选择自己感兴趣的 IEEE 期刊(如图 1.2(b)所示)。每当所选的期刊有更新时，IEEE Alert 会将新发表一期的期刊链接通过 E-mail 发送给注册人员。这样可以方便我们及时跟进最新发表的论文。IEEE 通信协会的主页下还提供每月的论文更新汇总，称作 Publication Content

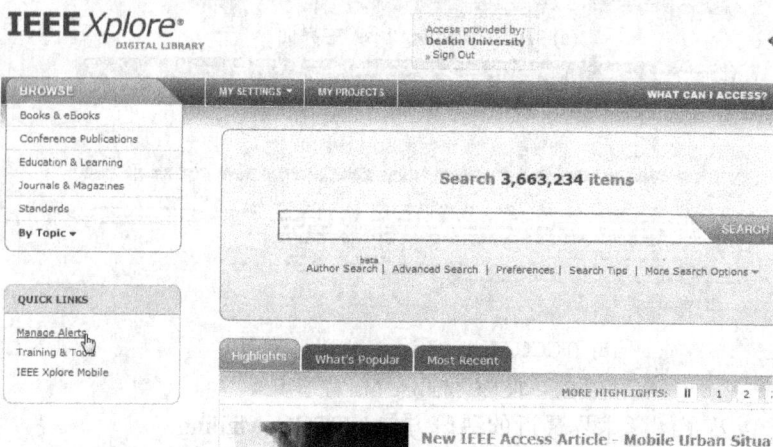

(a) IEEE Explorer Manage Alerts 选项

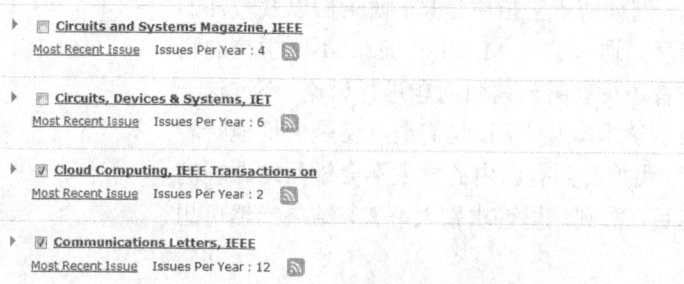

(b) 选择所需定制的期刊

图 1.2　IEEE Alert 注册

Digest。可以通过网页 http：//www.comsoc.org/
publications-content-digest 下载。这个汇总将本月
在 IEEE 通信协会下属的期刊、杂志所发表的论文
制作成 PDF 文档，包括论文的名称、作者和链接，
通过 E-mail 发送给注册用户，以方便用户了解本
月最新的论文。这些论文提示服务都是免费的。

第三，使用谷歌学术搜索(scholar.google.com)。
谷歌学术搜索可以为科研人员提供个性化的学术
更新服务，用户可以建立自己的信息页，来汇总自
己发表的论文，查看自己的论文引用率以及影响因
子。谷歌搜索引擎还可根据注册用户的论文关键
词，提示最新发表的可能具有参考意义的论文。使
用这些服务，需要注册谷歌账户，并用该账户登录
谷歌学术搜索界面。对于国内的用户，建议使用海
外的谷歌搜索引擎，例如加拿大谷歌(www.
google.ca)、英国谷歌(www.google.uk)等。香港谷
歌搜索出的一些链接，好像有时候无法有效进入。

互联网上通常有很多图书和视频的资料，对我
们的科研有帮助。例如，IEEE ComSoc 的主页下
提供了一些论文和书籍的推荐，比如：

● IEEE ComSoc Technology News (http：
//www.comsoc.org/ctn)：推荐了一些通信领域比较
好的论文，并用简短的文字叙述了它的内容。

● IEEE ComSoc Best Readings (http：//www.
comsoc.org/best-readings)：针对若干比较热门的通
信领域推荐了一些高质量的论文和图书。

还有一些视频的学习资料，可以在一些网站上
获取。比如，videolectures(URL: http://videolectures

.net/)网站上提供了一些夏令营课程和学术会议的视频，对于学习一些数学方法很有帮助；Microsoft Research (http：//research.microsoft.com/)的 Videos 页面(如图 1.3 所示)，提供了 Microsoft 邀请的学术报告，经常会有一些学术泰斗露面。

图 1.3　Microsoft Research 的 Videos 页面

1.3.3　数学工具

数学是科研的基础。对于一篇论文，通常数学分析越多，说明作者对问题的思考和分析越深入。IEEE Transactions 也通常喜欢数学分析深入、理论价值高的论文，因此博士生需要掌握很好的数学技巧。很多导师在招收博士生时都很看重数学成绩。我就是因为本科时数学分析成绩高，被我的导师看中的。

我自己对数学的涉猎也非常浅薄，这里只是提供我自己对于提高数学能力的方法，供读者参考。

首先，我们应该注意到的是，通信系统以及我们所关心的建模对象通常有某种特定的属性。与此同时，不同的数学工具也都有各自的性质。因此，我们应该根据所研究课题的属性来选择与之匹配的数学方法。

　　下边举几个具体的例子。有些网络具有很强的动态性(Dynamic)，比如点对点(P2P)网络，节点的不断加入和离开会动态地影响网络的拓扑结构和通信性能。例如，使用 BitTorrent 协议的 P2P 网络，会让每个节点周期性地断开一些链接并同时去建立新的链接，这会让节点在网络中的链接和下载带宽变动很大。因此，在研究、分析和设计这种动态网络的协议时，我们就应该使用比较适合动态环境下的数学工具。比如在动态环境下可以快速收敛，并且运算复杂度不会随着网络的动态更新指数增长的数学工具和算法。再比如对于车载网(也就是车辆间以及车辆与近距离路边基站间的通信网络)，当我们考虑车辆和路边基站通信时，它可能是个非常动态的网络。因为车辆的移动导致车辆和近距离路边基站的物理位置变化很快，从而导致物理信道的带宽和连接时间实时变化。但是如果我们考虑车辆之间的通信，由于相对速度小，可能这种连接是相对稳定的，可以粗略理解为静态网络。那么对车辆与近距离路边基站的通信，可能更适合使用在动态环境下性能较好、运算复杂度较低的数学工具。在车辆之间的通信网络中，可以使用需要静态环境以及参数稳定的数学工具。

　　有关这里提到的数学工具的性质，将在第四章做专门的介绍。总之，我们要指出的是，每个数学工具都有它的性质和功能。我们应该根据自己所研究问题的特性，采用最适合的数学工具。当你的论文被审稿人审阅，而他们又了解了你研究的问题

每个网络都有自身的属性，我们选择数学工具时应该充分考虑这种属性。

时，他们的心中大体会有一个判定：你的数学工具是不是适合在这种场景下使用，会不会因为复杂度问题和数学工具对参数的要求以及参数在实际环境中的性质，导致你的方案根本无法在实际中部署。如果他们有这种顾虑，那你的论文可能就麻烦了。这个时候你就需要结合网络的性质，比如动态还是静态，必须采用分布式计算还是可以集中管理等，说服审稿人，你所使用的数学工具是结合网络的实际环境，在现实世界中的部署是靠谱、可行的。

因此，由于各种网络的性质不同，我们可能需要掌握多种数学工具，以便在遇到具体问题时灵活运用。这就跟我们在拧螺丝时需要使用和螺丝大小配套的螺丝刀一样。然而数学是何等博大精深，熟练掌握一门尚且不易，怎么可能掌握多种数学方法？面对我们有限的时间和无限的数学海洋，我们应该如何应对？

我提倡的方法是：先拓展广度，再在必要时拓展深度。具体方法是先粗略地了解各种通用数学工具的性质和它们适用的网络问题，然后再在遇到具体的科研问题时，根据所研究网络的性质，确定所需要使用的数学方法，最后深入学习这种数学方法。这种"现学现卖，临阵磨枪"的方法不会显得仓促，因为我们是工程师，不是数学家，我们的审稿人也一样。因此我们在使用新的数学工具时，通常只需要简单地掌握，可以正确运用数学结论来解决我们的工程问题就行了，不需要创造性地推动数学工具本身的发展。换个角度来说，你不会的数学工具，审稿人也未必能懂多少。如果你使用得很深入，搞出一大堆让人莫名其妙的公式，审稿人也不一定有能力欣赏。我们做科研的目的是推动科技的进步，以致最后为人类服务。论文的目的是传播思想，教育别人。晦涩而无法被人领悟的公式无法达到这个目的。因此，在写作的时候，如果不可避免地碰到了让人头晕的公式，可以用深入浅出的语言解释一下，让思想能够真正地传播。我们这里说到的需要现学现卖的数学，指的是一些非主流的数学工具和算法。对于一些主流的，经常在通信领域使用的数学方法，比如排队论、凸函数优化等，则应该深入掌握。比如，我曾在论文《Impact of Network Dynamics on Users' Video Quality：Analytical Framework and QoS Provision》(IEEE Transaction on Multimedia，Vol.12，Issue 1，pp 64-78，2010)中使用 Diffusion Approxiamation 的方法解 G/G/1 的排队论问题。排队论是我们应该熟练和深入掌握的，但是具体的 Diffusion Approximation 可能很少有人能掌握，包括审稿人。这时候我们可以现学现卖。

对于先广度，再深度，我自己的具体做法是：

首先结合学校提供的课程，学习一些必须掌握的数学工具，比如随机过程、排队论、运筹学中一些基本的规划方法和博弈论等。这些课程有些可能是本系的，有些可能是外系的，如应用数学系、机械工程系、经济系、系统工程系等。比如微观经济学会讲述一些博弈论的知识，这时你需要自己去搜索所在学校相关的课程来听。

其次，在我们平常阅读论文或者听别人作报告时，如果碰到一个新的、陌生的数学工具，应该记住这个数学工具的名字,通过学习别人的论文来了解这个数学工具的基本性质和使用方法。比如我在做点对点网络时,曾经阅读实验室师兄的论文《Building Heterogeneous Peer-to-Peer Networks: Protocol and Analysis》(IEEE Transactions on Networking, Vol.16, No.2, pp.281-291, April 2008),学习到了微分方程对于动态网络的瞬态性能分析的应用,后来我在自己的论文中也多次使用。再比如,我曾经阅读 Chuan Wu、Baochun Li 和 Shuqiao Zhao 的论文《Multi-channel Live P2P Streaming: Refocusing on Servers》(in the Proceedings of IEEE INFOCOM 2008, Phoenix, Arizona, April 14-17, 2008),学习到了时间序列分析(Time Series Analysis)这种数学方法。这种方法根据历史数据序列,对参数将来的数值进行预测。虽然我对时间序列不了解,而且也没有深入地理解这篇论文,但是我记住了时间序列分析这个名字和它的基本功能。这样,当我遇到问题,需要预测参数未来的取值时,我就知道应该使用什么工具,从哪里开始下手。其实我读博所在的学校提供了讲述时间序列分析方面的课程,只是这个课程是其他系的,我就是想了解一下,所以去旁听。事实上,我根本听不进去,感觉讲的内容跟自己所希望了解的东西不太相关,后来就放弃了。在我看来,学习数学工具和学习编程工具(比如 iOS 开发)是类似的:当你有了具体问题需要使用具体工具得到某种结果时,再有针对性地阅读相关教材内容,并学习这种工具的具体应用实例,可能掌握得会比较快。

因此，我建议大家在学习一个新的数学工具时，一开始最好弄明白这个数学工具的性质是什么，它适合解决什么样的问题。如果你选修某个数学课程，你可以直接去问问老师。等你弄明白了这点，再在学习的时候体会它为什么有这种数学性质。搞清楚这些问题可能很难，但至少在一门课结束或者复习考试时，你一定要弄明白这门课的性质和适用的问题。让学生领悟一门课的性质和它所具备知识的作用，是我自己在教学中的最基本也是最高的要求。我个人认为对于我们学过的并且以后很少用到的很多课程，能记住它的基本思想和性质是最重要的。比如信号与系统，十多年前学完到现在我基本没有直接用到过，我很难记住其中一些具体的公式和信号转换的性质，但是我对这门课所要实现的对信号分析的目的的记忆是很深刻的。再比如信息论，我很难记住如何准确地计算信道的熵，但是我能记住这门学科的基本目的。信息论的思想对我做科研的帮助也很大。我曾经在读博期间给本科生讲述过通信网络的课程，我的基本思想就是，让学生能知道网络设计的原则和目的是什么。更确切地说，为什么有 ISO 七层协议和每一层的目的是什么。具体每层的协议和一些分析的讲述，只是用来考试出题用的。我不相信过了一年学生还能记住 GO-BACK-N 和 Selective Repeat 是什么。总而言之，希望同学们记住，学习一门课，最关键的是理解这门课的思想及其知识的适用范围，也就是它能为我们解决什么样的问题以及它们可以解决这些问题的原因。

学习一门课最重要的是了解这个学科的性质，以方便日后需要使用时能知道从哪里入手。

1.4 小结

本章我们首先想向读者传递一个思想：从读博开始，你的人生需要你自己去规划。没有人比你更关心你是否能成才，是否今后会有前途。也没有人比你更有责任和精力去关心自己。因此，我们需要自己培养自己。在这个过程中，你需要知道自己在每一个阶段做每一件事的目的。这包括读博的目标、和导师讨论时如何达到目标等。

其次，我们介绍了一些科研的准备工作，主要是了解自己所拥有的科研资源，并积极学习和掌握这些资源。其中包括图书馆的服务、互联网上的科研资源和信息、学校所提供的数学课程等。其实能否有效搜集和发现资源，是一个人工作能力的体现。比如别人能够很便利地找到一些网络课程和数学资料，从中受益从而发表更多论文，而你是只无头苍蝇到处乱撞，那么不出几年，同学之间的差距就很明显了。

最后，我们重点提出了学习数学方法的建议。我们提倡广泛地了解不同数学方法的性质：当在一个科研课题中碰到一个具体的分析目标时，可以准确地判断应该采用什么样的数学方法，然后结合问题适当使用这种数学方法得到想要的答案。这就要求我们平常有比较好的数学积累，可以通过上课、向实验室同事学习和阅读论文来获得。

第二章

如何做科研

做科研，归根结底就是一个字：想。想你在论文中要做什么，为什么要做，怎么做，做了以后能给别人带来什么贡献。论文里写的东西，都是自己想出来的，绝对不是读出来的。就算是调研的文章，虽然主要目的是介绍别人的工作，但是也要经过自己的思考，比较不同的方法，然后归纳总结出他们的特点。因此，科研方法说到底就是一条：如何高效率地去"想"。

想，是一个抽象的过程，属于纯脑力劳动。同时，科研所"想"的问题又通常比较复杂，可能同时存在多个方面需要同时考虑的问题。因此需要提出一系列的解决方案，需要有逻辑性的、系统的并且严密的设计。这里我们强调逻辑性，把握好逻辑性是"想"的关键，也是本章讲述的重点。所谓逻辑，就是前因后果清晰。比如，科研要有很强的科研动机(Research Motivation)，为什么做这个课题，为什么这个课题能产生重大的影响，别人怎么在自

做科研归根结底就是一个字：想。"读"是为了更好地"想"。

己的基础上继续工作。这些问题都是相互依存，相互通过逻辑联系在一起的。这让"想"可以顺藤摸瓜，因此科研的关键是找到这条"藤"。这也是本章论述的主要核心。

本章另外一个核心，就是如何有策略、有组织性地累积地"想"。科研需要持续性的思考，而思考是一个缓慢的、需要积累的过程，不可能一蹴而就。在这个过程中，需要阅读大量的文献，通过学习别人思考的结果来帮助自己思考。随着对自己负责的科研问题的深入学习，我们需要不断地总结和积累自己思考的结果，根据知识和认识的更新来修改自己思考出的解决方案。人脑的处理和记忆能力是非常有限的，这就需要我们在大量的文献中，根据自己关心的科研问题，进行有选择性的阅读和有效地获取有用信息。

通过有策略的阅读、有逻辑的思考、有步骤的总结来推进自己的科研课题的研究，是做科研的关键。本章的目的，就是介绍作者在这三点上的经验。

2.1 科研的步骤

一个科研课题的解决或者一篇科研论文的完成，从时间上和完成过程上可以分为三个步骤：提出问题、分析问题和解决问题。

所谓提出问题，就是寻找出有价值的学术课题或者确定论文的科研方向，这是科研的第一步，也是最重要的一步。因为它确定科研或论文的方向，

通过有策略的阅读、有逻辑的思考、有步骤的总结来推进自己的科研课题的研究，是做科研的关键。

方向错了，下边的路就算走得再远也是白费。

所谓分析问题，就是根据已确定的科研问题，分析其特点，然后按照自己在提出问题步骤中所确定的科研目标，提出有针对性的解决方案。这个过程需要有比较好的数学修养。这样，确定了科研课题和目标后，就能比较快地确定自己所要采用的数学工具，然后再深入学习如何使用这个数学工具来解决这个问题。

所谓解决问题，是指当自己使用数学工具分析了这个问题后，采用仿真或者数学证明，充分验证自己所提出的科研设计的正确性。

下面我们针对以上三个步骤进行深入讨论。

2.2　提出问题

能够提出好的科研问题，是博士阶段训练的最重要的技能。我们之前说过，博士的毕业标准是能够独立开展科研工作，而能够独立提出有价值的科研课题则是这个毕业标准中的根本。

其实，导师最主要的工作就是提出好的问题。比如他们经常需要撰写科研计划书(Research Proposal)来申请科研基金(Research Funding)。其实这个 Proposal 的目标就是提出问题。因为科研还没有开展，根本谈不到如何解决这些问题。在这个计划书(Proposal)中，导师会在所关心的领域内提出若干有价值的科研问题，讨论这些问题的意义和对该领域可能带来的贡献，并且初步分析可能采用的科研方法。这些都是在提出问题这一步中需要完成的。我们跟导师的区别是，我们只是针对一个具体的科研方向来提出问题，而导师是在某一科研领域内选择若干方向分别提出问题。作为一个导师或者公司的项目负责人，能够提出好的科研问题是最主要的工作。具体如何解决这些问题，可能会交给手下的人，比如博士生和硕士生。希望读者能够重视自己在这方面的培养，在自己的每个科研问题中，都能将"提出问题"这个关键步骤放到最重要的位置并且给予充分的时间。这也是我们之所以明确地将科研分为三步，并且把提出问题单独拿出来讲的原因。

学会提出问题，提出"好"问题，是我们读博训练的重中之重。

创新最重要的一步也是提出问题。比如乔布斯发明 iPhone，我想当他想到 iPhone 的大体样子、功能和设计思路的时候，具体后边怎么实现 iPhone 的功能，就是顺藤摸瓜、顺水推舟的事情了。这就是为什么发明 iPone 很难，复制类似 iPone 的手机却容易得多。当然即使有了大体的思路，具体的实行也会遇到各种困难。但是这跟我们做科研一样，只要方向明确，前进的道路总是存在的，虽然路上可能布满荆棘。正如一句老话所说，我们缺少的向来都是发现问题的眼光，而不是解决问题的方法。

沿着正确的方向，完整且坚实地迈出一小步，是我们做科研并发表一篇论文的目标。

对于做科研，提出问题是最重要的：如果在正确的研究方向上迈出了一小步，且这一小步完整(Complete)且坚实(Solid)，那么你的研究成果就足以发表；反之，如果你的方向错误了，即使迈了一大步，你的研究成果也不值得发表。因此，沿着正确的方向，完整且坚实地迈出一小步是我们做科研并发表一篇论文的目标。

　　提出问题的目标就是找到正确的科研方向，分析和解决问题的目标就是完整且坚实地迈一步。

　　很多人在思想上不重视提出问题这一步，或者太自信，不相信自己会走错路。等真的走错了路，那么所做的工作可能就像是鸡肋——食之无味、弃之可惜。因为如果课题选得不好，等自己做深入了再发现这一点，会觉得做的东西没意义；可是已经做了很久，放弃了又可惜。

　　这点我自己有过切身体会。我自己曾经做过一个关于车载网 MAC 层协议的分析，研究车辆快速通过路边基站时可以获取的有效下载速率。车辆的速度对 MAC 层性能的影响是必然的，也是大家很关心但是没有有效研究的。于是我很自信地开始了这方面的研究，而且思考了一系列后续的科研题目。可问题是，等我研究了一段时间，得到了一些结果时，却发现结果不是我预先设想的样子。而且这个分析很繁琐，让我有种陷入泥潭的感觉。这一切其实都是我可以预先设想到的，但是我当初做的时候太自信了，结果本来冲着 Infocom 去的论文却投了其他的会议。

　　还有一个例子，是我审的一篇论文，讲车载网中将车辆组成簇(Cluster)进行通信的协议。这篇论文是我的导师交给我审的，他读完后找我讨论，问我对这篇论文的意见。我说这篇论文英文写作很流畅，表达很清晰，很容易懂，而且建模实际，分析比较准确也很深入。唯一的缺点是，感觉作者对车辆组成 Cluster 进行通信的动机不强。作者在

Introduction 中描述的是 Clustering 是个很基本的通信模式，在很多不同网络中都有应用，比如 Wireless Mesh Network 和 Sensor Network。然后就说车辆中组成 Cluster 有很大的困难，从而开始分析车辆移动对所组成 Cluster 的影响，但是没有具体说 Clustering 对车载通信具体有哪些益处。在我看来，Wireless Mesh Network 和 Sensor Network 都是静态网络。车载网是动态网络，因此 Clustering 肯定会有很高的成本。所以首要回答的问题是，为什么我们需要花费这么大的成本来让车辆组成 Cluster 通信。此外，车载网中节点有固定的线性拓扑结构，这点跟 Wireless Mesh Network 和 Sensor Network 差别很大。作者分析的 Clustering 模式只是简单地把 Sensor Network 中的 Clustering 模式照搬到了车载网中，而没有开发车载网新的特性，那么他对这种 Clustering 协议的深入分析在我看来没有太大意义，因为这种协议可能根本不实际，不适合用到车载网中。总之，我最后的结论是：论文表述很清晰，分析很深入，但是感觉读起来没劲，研究成果让人不信服。我的导师也有类似感觉，觉得这篇论文读的时候有顾虑，一开始就不能说服他。我并不是对车载网中 Clustering 通信有任何成见。只是如何形成适用于车载网的，开发车载网特性的 Cluster，以及为什么要形成 Cluster 进行通信，是我们应该深入和着重讨论，去说服读者的。

寻找到一个好的学术课题，是成功的一半。在很多情况下，提出一个好的科研方向，甚至可能开辟一个新的科研领域，就算自己进行得不深入，则可能已经为别人做出了很大的贡献。通信领域很多好的会议论文都有一个特点，就是研究的问题引人入胜，仅仅读到 Abstract 和 Introduction 部分就让人对这个论文有很大的期盼。这就是我们需要学习的。

寻找到一个好的学术课题，是成功的一半。

要想提出好的问题，首先需要深入了解自己所从事的科研领域。这个过程中难免要阅读大量文献，然后通过独立思考，找出有价值并且尚未完成的问题。阅读文献和独立思考是关键。这个过程中存在两个问题：第一，文献是读不完的，读多少，读什么，读到什么程度，需要我们好好把握；第二，阅读文献可能会影响自己思考的独立性。我们的思考可能会被文献带着走，而无法得出有个性、有创新的结果。如何解决上述两个问题？下面将介绍我们自己的一些方法，主要围绕如何有效阅读文献和如何独立思考来讨论。

文献是读不完的。我们要学会有目的地读，读一篇，吸收一篇。

2.2.1 第一：从根本寻找问题

1. 了解基本知识

对于一个全新的科研领域，我们所做的第一步应该先了解这个领域的基本知识，对我们所要研究的系统有全面的了解。这可以通过阅读一些调研的论文或者一些该领域比较好的论文来实现。这些论文通常是发表在知名的学术会议和期刊上的。

阅读文献应该有很清晰的目标：自己到底要在文献中找到什么，读每一篇论文的目的是什么？当你达到了这个目的时就应该停下来，即使这篇文章并没有读完读懂。

在通信领域中，一个通信系统通常是由多个模块构成的。这些模块是怎么运作和相互依存、影响的，每个模块存在的意义和它的运作方案是什么，是否有标准支持，标准的目的和内容是什么，这些都是我们应该了解的。一旦在一篇论文中了解了这些基本知识，就达到了我们的目的。在这一步，由于我们需要知道的是系统的基本知识，因此我们只需要有选择地阅读文献的部分内容，例如 Introduction 和 System Model 的前半部分，而不需要通篇阅读。也就是不需要充分了解文献提出的设计方案。因为这不是我们此时应该关心的。每这样"读完"一篇论文，我们应该思考学到了什么。如果有新的东西，最好在笔记本上记录下来。

阅读要有目的，达到目的了就停止阅读。

所谓读完，是指达到我们的阅读目标，并非通篇完成。这样做并不会浪费这篇好论文，因为我们以后还会在不同阶段再读它们，以后在不同的情况和需求下拿出来温故知新。这样点到为止可以为我们节省大量时间，同时不干扰我们大脑的思维。因为我们大脑的处理能力是有限的，必须在记忆最清晰和感觉最强烈的时候来完成我们的阅读目的。

2. 思考存在的问题和这些问题的解决方案

当我们感觉自己对要研究领域的基本知识和概况有了清晰的认识时，就可以停止阅读，开始自己的思考了。

这个思考的内容，就是科研问题的根本。我们提倡对于每个科研课题，都从问题的根本开始思考。比如一个科研问题，可能已经进行了十几年的研究，之前已经有了很多文献来试图采用不同的方案解决这个问题，但是这并不是说我们应该跟着他们的脚步走，或者说接着他们的设计来修补他们的方案。正确的方法是：我们了解一个系统的结构和工作方式后，我们自己去思考这个系统存在和妨碍其发展的根本性问题。比如，回答下面这些问题：

对于新的科研课题，首先了解这个课题的基本知识，然后独立思考该领域的根本问题。

(1) 系统存在的原因：为什么我们需要这个系统？是什么样的实际需求导致了这个系统的存在？是不是所有的需求都被很好地满足了，有没有其他需求没有被别人发现？解决这些问题对我们整体的科研推进或者人类生产生活的提高有什么贡献？

(2) 系统无法实际部署的原因：是什么导致我们目前无法将这个系统高效率地在实际中部署和应用？

(3) 解决方案：针对系统无法在实际中部署的原因，你认为应该如何下手最直接有效地解决这个问题？

回答上述三个问题，我们不光思考我们所研究的领域都有什么问题，同时也已经考虑自己对问题的解决方案了，也就是上述第三个问题。这时我们还不了解别人想要解决什么问题以及他们是如何解决这些问题的。

思考以上的问题很关键，它保证我们能够独立思考，而不被别人带着走。我们之前阅读大量文献去了解这个科研领域的基本知识，就是为了能够充分了解它以后，有效地思考它存在的问题。

通常我在进行这一步的时候会带上纸和笔去图书馆，不带任何论文和电脑。我的目标就是根据自己对该领域的理解和认识，作为一个通信网络的实际用户，从实际用户的需求去思考上述三个问题。在这个过程中，我会画网络的草图来帮助自己思考。想到的问题会先一个个全部列出来，再在这些问题中找出自己认为最重要、最有学术价值的问题。然后思考这个问题产生的原因，根据这个原因，思考如何解决这个问题。完成这些，我通常需要一两个小时。最后，我得到的是自己所关心的问题和这个问题的初步解决方案。在这个时候我并不知道别人是否解决了我关心的问题，也不知道他们是如何解决的。这些都是我们后面要做的工作。

自己的初步解决方案，应该有较强的逻辑性，并且越完整越好。所谓的逻辑性，就是根据设计需求和科研动机(Research Motivation)，找出最直接(Intuitive)的解决方案，让论文的读者感觉科研动机来源于现实世界，解决方案是这个科研动机下很自然的"果"。所谓完整，就是我们能够针对系统，进行初步的建模，确定一些关键的参数，并能大体勾勒出这些参数之间的逻辑关系，从而找出解决问题最关键的参数。如果是比较有经验的科研人员，应该还能够根据自己提出的问题和方案，大体判定这个问题的学术价值，也就是科研贡献(Research Contribution)，并且根据自己的解决方案，大体确定自己目前工作的性质和以后的规划，比如是主要对系统进行分析还是提出全新设计，后续有哪些科研可以进行等。对于刚刚读博，还不具备这种能力的读者不用着急，能够独立找到好的科研问题，然后有逻辑地思考出初步的解决方案就足够了。

拿到一个课题时，应该思考这个课题存在的最基本的问题，寻找它最根本的问题。这个课题可能是我们从导师那里拿到的。那么，如图 2.1(a)所示，我们需要向上追溯，找到该课题产生的原因(也就是问题的源头)，以及这个课题一旦解决，以后科研发展的方向(问题的下游流向)。这么做的原因很简单，因为我们在写论文的时候，需要清楚地把这些讲述给审稿人，从而让他们知道我们研究这个课题的意义：问题从何而来，去向何方。有些读者的科研课题，可能是通过阅读其他文献，找到了该文献的不足，从而在别人的工作上继续做下去的。那么你同样需要知道这个问题的源头，需要从问题的根本去分析这个文献研究的问题是不是真的有意义。因为你在写论文的时候，需要自己去告诉审稿人这个工作的意义在哪里，而不是仅仅通过引用别人的论文去说服审稿人，说自己是跟着别人的问题做，并说因为别人的论文已经发表，代表该课题有意义，所以自己的论文课题也有意义。

了解问题的根本，可以让我们找到科研发展的方向，从而做出最有效的贡献。在我们写论文的时候，也可以向审稿人指明这个方向，让他们了解我们工作的意义。相反，如果对问题的根本和发展方向不清楚(如图 2.1(b)所示)，我们可能会使思考的方向发散，偏离了课题发展的趋势和未来的方向。

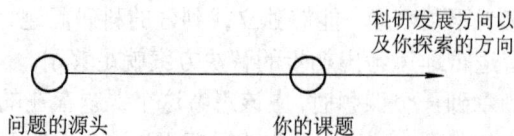

(a) 寻找问题的根本，从而确定自己的科研方向

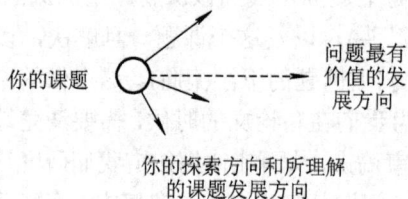

(b) 根据课题本身，主观猜测科研的发展方向
从而决定自己的探索方向

图 2.1 如何寻找正确的科研方向

　　我们不提倡跟着别人的工作去做，尤其是在通信网络领域。因为从问题的什么位置开始做，直接决定了你自己科研工作的创造性和贡献。可能按照我们之前讲述的提出问题的步骤，你找到了属于自己的问题和初步解决方案，但是在后来的调研中发现，你提到的问题和提出的方案已经有人做出了一些有价值的工作。此时如果你认为这个解决方案是你满意的，那么你可以在这个工作设计方案框架下，根据自己最初设计的理念，提出改进方案来彻底解决这个问题。这样，即使看上去我们的工作是在前人工作的基础上发展的，感觉和半路跟着别人做没什么区别，但是我们自己应该清楚地知道，自己是从哪里开始思考这个问题的，自己采纳前人方

案的真正原因和自己要获取的目标是什么。

　　曾经有个朋友跟我讨论问题，他的第一句话就是，目前国外学术界在该领域主要有这么几个方向，因此我们可以从这几个方向跟着他们做。我很反感这种说法。我不明白为什么我们要跟着别人做，为什么不让别人跟着我们做。别人做的方向，真的有价值，真的是结合了当前的需求和实际，对我们来讲是最亟待解决的问题吗？即使我们采用了别人的方案，也是因为我们根据自己的需要，采纳了别人的提议，并不是因为别人的工作成果已经发表或者别人在学术上的影响力。而且，为什么外国人这么做了，我们就要跟着他们的方向做？外国人考虑的网络应用背景可能跟我们完全不同，他们所设计的东西可能根本无法应用或者不能很好地应用到我们所处的环境中。而且外国人也不一定比我们聪明，比我们对问题的认识能力更强。因此，希望读者朋友能有科研的自信，能够独立思考。即使自己是科研上的晚辈，也不代表我们是卑微的，应该跟着别人的脚步走。

　　对于通信网络的科研，其实就算你想跟着别人走，也不一定跟得上。一个通信网络，由于用户构成、用户数量和使用习惯不同，可能有不同的设计。因此，科研人员在不同的地区，比如欧洲、北美、澳大利亚和中国，可能对网络的需求和要求有完全不同的理解。那么你跟着他们做，有可能根本不知道他们这么做的真正原因是什么。比如我在做车载网络时，经常考虑高速路上车辆间的通信。中国的同行就问我，为什么完全不考虑高速路上 3G 网络

通信网络或者其他工程问题可能有很强的本地性，让理论应用于自己熟悉的实际环境是我们最终的方向。但是由于审稿人与我们所处的地域不同，可能设计思路也会不同。当我们结合本地特性设计一个网络时，必须提供相应信息，让审稿人知道我们的设计因何而起。

的支持。原因是我考虑的背景是加拿大这种地广人稀的地区。在加拿大，很多地方人烟稀少，根本没有 3G 或者 3G 信号差。而且因为人口少但是所需覆盖面积大，加拿大的电信成本很高，导致 3G 服务成本高昂。但是如果在中国这种人口密度较高的地区，使用 3G 来提供高速路上车辆间的通信，可能是最直接有效的方案。在这种情况下，根本不需要在我的框架下去思考。对于这种思考网络框架的问题，我们会在下边讲述科研的内涵和外延一节中进一步讨论。

何谓从根本找原因，我举两个例子。第一个例子是一个反面的例子。某篇论文使用 Random Walk 的模型，在 Sensor Network 里根据需求进行节点采样。其主要参考文献之一是以前发表的一篇 JSAC 论文，提出了这种模型解决类似问题。这篇论文主要是针对 JSAC 论文提出的一种改进方案。改进的方法是采用了先将网络划分区域，然后在不同区域中分别进行 Random Walk 采样。作者认为，这样做的好处是可以降低这个算法的时间复杂度，更适合应用于大规模网络。在我看来，这就是一篇很典型的跟着别人走的论文。我不是反对跟着别人走，但是在这么做之前，你必须清楚地知道，自己为什么要跟着别人走，以及这么做你的科研贡献到底是什么，是不是突破性的和革新性的。

这篇论文的问题有两点。第一，参考文献中提出的方案，可能作者自己本身都不确定方案到底是不是非常有效，是不是该问题解决的必由之路。我们应该清楚，学术界中的很多论文，都是作者在一个问题上提出自己的独家见解。这种见解到底是否正确，是不是发展的方向，需要结合实际经过深入探讨和考量。所以，当读完一篇论文时，你应该认为自己了解到了这篇论文作者的一种个人见解。这种见解不一定是真理，可能存在局限性甚至是根本性的错误。是否要采纳这个见解从而应用到你自己的问题中，需要自己去思考和判断，绝对不可以贸然相信。第二，对于偏理论的科研，或者无法在实际中得到部署和校验的方案，应该在思维上尽量做出创造性的、突破性的进展，为某一问题指出一个方向，而不应该过多地纠结于方案在实际环境下部署的问题。我不是说我们不应该考虑所提出的方案在实际部署中可能存在的问题，我的意思是，我们应该对自己论文的类型有个明确的定位。根据这个定位，来思考读者想要获得什么样的信息，以及自己的贡献是什么，是否有意义。如果我们的论文是理论性的，并且因为科研条件的限制无法在实际环境中部署和校验，只能依靠仿真和数学分析的手段，那么我们就应该把思路放开些，尽量考虑全新的、有突破性的问题和设计。如果我们的论文是一个针对实际部署方案的研究，例如我讲到的这篇论文，那么就应该有实际的测量结果，针对实际中具体存在的，并且理论无法分析和考察的问题提出解决方案，而不是空想实际环境中可能碰到问题，然后用仿真的方法去求证。这么做，你的贡献很小。因为你考虑的问题，实际中是否发生并不一定，很难说服审稿人。即使这些假设性的问题真的存在，你所提供的方案也未必有说服力，因为你的方案依旧没有在实际测量中得到校验。最后，即使你的方案是让人信服的，你所要改进的原方案本身是不是有生命力，也可能让人质疑。比如我们讨论的这篇论文，它所参考的 JSAC 论文所提出的一家之言，是否被学术界接受尚且未知。这么多质疑，会导致审稿人对你论文贡献的顾虑。我之前说到的这篇论文，如果在现实世界的传感器网络(Sensor Network)中进行了部署和测试，并且根据测试结果，提出了很有针对性的改进方案，取得了很全面的测试数据并汇报出来，那么就是一篇很好的论文。因为它告诉大家实际部署中到底会遇到什么问题，经过实际测量后是否严重，对性能有多少影响，怎么去实际解决等。

上面讨论了理论和实际部署的课题在研究上的区别，这两者的区别就像动画片与纪录片的区别。动画片可以表达各种天马行空的思想，它们源于现实世界，但是不受现实世界技术水平的束缚，可以描述各种想象的现象和场景。纪录片则受到现实世界的物理限制以及拍摄难度和条件的约束。理论论文就像动画片，因为很少受到实验环境和设备的限制，从事理论的研究应该让自己的思路走得更远、更大胆且更有突破性。

第二个例子，是我认为正面的例子，是我自己撰写的研究如何在车载网内构建社交网络服务的论文。这个课题就是我用上述方法，从自己对网络的认识和使用经验出发，在图书馆里思考出的结果。

首先，我思考车联网在高速路环境下的应用到底受到什么限制，为什么在各种通信技术如此发达的情况下，车载网的前途依然堪忧。我思考的结果是：在高速路环境下，搭建车辆之间的无线通信链路并不是根本性的难题，因为车辆间的相对距离和移动方向较为固定，通信基本不受到周边建筑物的影响，所以虽然高性能通信可能很难达到，但基本的通信链路是很容易搭建的。因此，车辆间进行稳定的小数据传输应该不是技术问题。但问题是，即使车辆间实现了通信连接，但是它们没有明确的通信动机。换言之，为什么车内的乘客要与陌生人的车辆连接在一起，连在了一起，能传输什么内容的信息来吸引乘客们使用车载网。因此，车辆可以相互连接在一起，但是很有可能并没有什么数据可传。这个连接动机的问题，其实也是传统 Ad Hoc 网络没有实际应用的原因。以前的论文很少考虑这个问题，因为他们的目标是将车辆与互联网进行连接。互联网是个大的信息库。因此，将车辆接入互联网，并不需要考虑接入的动机或者用户所需的服务。只要提供互联网接入，车内乘客可以自由地获取互联网上的海量服务即可。然而这个便利，在单纯的车辆间通信时并不存在。为了解决这个动机问题，我提出搭建社交网络。原因是社交网络的特性是激发网络的参与者自己去贡献信息，创造内容。这样，车辆之间就有了通信的需求，因为它们可能希望从别的车辆那里获取有用的社交信息。比如出去旅游的人，可能希望从别人那里了解当地的风俗、趣闻和介绍。于是，我讨论了在车载网环境中，如何克服车辆的移动性，根据社交需求，搭建社交网络平台。图 2.2 描述了我在这个问题上思考的过程。

车载网在高速路环境中，到底遇到了什么问题，为什么限制了它的广泛应用？是因为通信带宽不够，还是因其他什么原因？

问题1：是因为高速路上车辆间通信无法建立造成的吗？

分析：高速路上，车辆移动方向单一，车辆密度和相互通信相对城市小。因此，虽然通信受能特到车辆移动的影响，但性能受到车辆移动的影响，通信链路应该基本稳定的。那么，能否支持所需要传送给车辆的应用服务。这个问题的关键是，这个应用服务是什么？

问题2：我们希望在高速路环境下，为车辆提供什么样的应用服务？

分析：为车辆提供传统的互联网应用（如Youtube视频点播）有困难。由于高速路与城市相比，缺乏通信基础设施，如峰窝网基站、无线局域网接入点，因此很难有效且持续接入互联网。当互联网无法接入时，车辆之间的互联是否还有应用需求？

问题3：如何在无法接入互联网的情况下，获取和发掘有用信息，传送给车辆？

分析：我们缺少服务或信息源。我们如何激发车辆自身成为信息源？可以利用社交网络，它的性质是让参与者提供信息，成为信息源。

科研问题：社交网络信息对于车载网内移动用户是否有需求？如何根据这种需求，在高速路环境中搭建属于车载网络的社交网络？

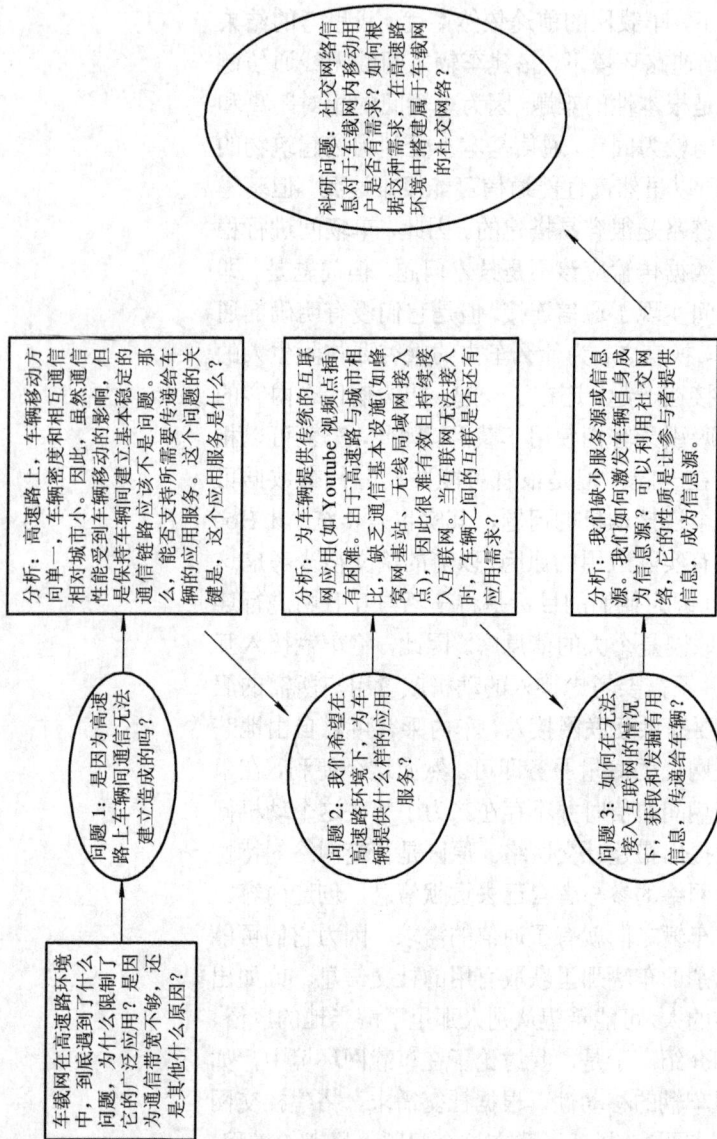

图 2.2　从问题的根本开始思考，寻找科研方向

44

总之，拿到一个科研课题时，我们应该先了解这个课题的背景和基本知识，然后从这个课题所涉及技术的最初使用原因和动机，自己去思考这个科研课题存在的问题和发展的方向。这就是我们所强调的提出问题。

2.2.2　第二：比较阅读

在上述第一步中，我们的目的是了解科研领域的基本知识，并且找到自己认为最有价值的科研问题，以及针对该问题自己所提出的解决方案。下面进行第二步，我们开始再次阅读文献。这一步阅读的目标是：

(1) 了解自己在提出问题一步中寻找到的问题是否已经被其他人研究过。

(2) 自己所提出的解决方案是否曾被别人提出过。

以我个人的经验，以上两件事在通信领域发生的概率很小。原因是我们每个人认识问题的角度、所掌握的数学工具和所关心的网络环境都有所不同。即使发生了这样的事，也有办法去规避。具体办法我们将在科研的内涵和外延一节中进行讨论。

我们姑且把这一步叫做问题和方法比对。我们使用的方法是比较阅读。具体来讲，就是带着自己关心的问题和解决方案去阅读文献，把自己的问题和方案同每一篇论文进行比较。这个时候，阅读应该是有层次的。

首先，我们根据论文的题目和摘要(Abstract)

比较阅读：带着自己的东西去理解别人的东西。通过比较，加深对自己和对别人东西的理解。

比较前我们要想清楚比较什么，也就是阅读的目的。

部分寻找论文。当发现该论文所要解决的问题跟我们所关心的问题类似或者可以借鉴时，就应该下载阅读。阅读时，我们先比较该论文所讨论的问题和我们所关心论文的相关性。如果不是同一个问题，我们就粗略地读一下，对这个论文所使用的数学建模方法和解决的问题有大体的了解即可，不需要读透。如果发现这个问题跟我们所关心的问题一致，我们就应该精读它，比较它所描述的解决方案和我们自己原先提出的解决方案，思考是否是同一个方案。如果不是，那么哪种方案更好，两个方案的区别是什么，我们是否可以吸收融合，提出更好的方案？如果发现我们提出的问题已经被别人很好地解决，自己没有继续做的空间和价值了，就应该果断放弃。此时，我们可以重新开始第一步，来寻找其他科研问题和解决方法。或者我们思考这个问题解决后，沿着这个方向接下来的工作是否仍然是我们感兴趣的。这里的方向就是图 2.1(a)中所示的科研发展方向。

我们所描述的比较阅读，其根本是为了让读者能够充分地吸收有价值的论文。首先，通过与文献比较所关心的问题和解决方法，可以帮助我们滤除信息，选择对我们最有用的论文进行阅读。其次，带着问题去阅读，会迫使我们在阅读时思考，从而对阅读的文献有更深刻的理解和记忆。通过和其他人比较，能够让我们更清楚地知道自己所提出的问题的价值和自己方案的创新性。对于跟我们的工作非常类似的文献，我们需要反复去研读和比较。对于该文献的引用文献，也需要仔细查阅。

完成了以上两步,提出问题这步基本上就完成了。这步的目标,就是通过独立思考,提出有价值的问题和初步解决方案。同时,通过比较阅读,明确自己的科研贡献、意义和奋斗方向。强调一下,明确自己的问题很重要。因为在接下来的科研中,你有可能因阅读了大量文献和陷入到细节的研究之中而忘记或者动摇了你最初定义的问题以及最初想要奋斗的方向。

接下来,就是具体地开展科研了。但是在自己如火如荼地开始进行数学建模和具体的分析讨论前,我们还应该冷静片刻,再花一点时间深入地分析一下自己的问题。这个时间,可能也就是半个多小时。这么做的目的是规划自己针对该问题应该使用的时间和研究的策略。再次强调一下,不要贸然地开始一个课题的具体研究。因为前期花费很少的规划时间,可能帮助我们挽回后期因方向和策略性的错误所浪费的大量时间。

2.2.3 第三:时间分配和论文的规划

一篇论文是一项长期的工程,我们至少需要投入几个月的时间。因此,在我们正式启动前,应该对我们的论文有比较清楚的定位和规划,甚至可能需要为自己确定一个时间表。

对一个科研课题的重要性和时间花费要有把握,"得"不偿"失"就要放弃。

首先,我们需要先为自己的论文定位。根据问题和解决方法的不同,论文可以分为以下四类:

(1) 新问题,老方法:自己提出一个前人没有考察过的新的科研问题,但是解决这个问题使用了传统的方法。

(2) 老问题，新方法：我们研究的问题是一个学术界研究了一段时间的问题，针对这个问题，我们提出了新的解决思路。这类问题通常是一些比较基础性的、已经长期存在但尚未被很好解决的问题。

(3) 新问题，新方法：我们提出了一个新的问题，并且采用了一种新的思路和方案解决了。这是论文的最佳状态。

(4) 老问题，老方法：我们研究的是一个已经被深入研究的课题，并且使用了类似前人的方法。这类问题是我们在第二步应该剔除的，不应该再花费时间。

我们按照上述四种论文为自己的论文大体归类，用它来衡量自己论文的贡献大小，根据这个贡献的大小来决定自己往哪个会议或者期刊努力。或者你有一个心目中的会议或期刊想要投稿，你需要知道自己的论文是不是会被这个会议或期刊欣赏，有多大概率被接收。

其次，一个课题可能很复杂，有很多参数要去设置，很多种情况需要考虑。此时我们需要能够将这个大的课题切分成若干小的课题，让这个课题能够在可控的时间内逐步地有所产出。首先，我们应该从浅入深。比如先考虑若干参数或情况，假设其他参数和情况已知或确定。当我们完成了这一步，对整个课题有了更深的认识时，再逐步放宽假设，做得更实际。这样，可能我们会在这个课题上写出一些会议论文，然后再整合设计撰写一篇集大成的期刊论文。切分课题是为了让我们在可控的时间内先做出一些成果并发表论文，这对我们是一种鼓励。写论文就像打仗，一鼓作气，再而衰，三而竭。一个题目的时间拖得太长而没有任何成果发表，会让我们疲惫。重复的思考和过于复杂的论文内容，会让我们失去兴趣。因此，切分课题，控制一篇论文所需要汇报的内容很重要。这个基础做得扎实了，我们再在这篇论文上继续深入，步步为营。想一口吃下一个胖子是不明智的。

最后，根据自己论文课题的复杂度，应该为自己确定一个时间表。这样，当自己错过了这个时间表时，你就应该反思原因是什么，是不是因为自己拖沓懒惰了，从而督促自己的进度。对于一般的课题，我通常的时间规划是用四个月的时间完成，每个月有不同的任务：

给自己的工作列一个时间表，用这个时间表来衡量自己的工作效率和进度，以督促自己。

- 第一个月用来提出问题，调研、阅读文献，确定自己的设计方案。这就是我们先前讲的提出问题和比较阅读。

- 第二个月用来进行数学建模和分析。这需要依靠我们的数学功底和平常的积累。

- 第三个月用来仿真。对于我自己而言，写仿真程序和调试程序大概都需要一个星期。所以大概半个月能够完成仿真器的编程。接下来要设计仿真和设置参数，大概规划两个星期。

- 最后一个月完成论文，然后提交给导师和其他合作者修改。

有了这个时间规划，每当我在一个步骤上花费的时间过多时，尤其是第一步，我就会尽快收尾，转到下一步。第二步的分析建模可能较难控制时间。但是在工作中，你需要知道自己究竟花了多少时间，大概还需要多长时间，然后根据时间来调整建模的难度和精细度等。

2.2.4 科研的内涵和外延

科研的最终目标是应用于实际，为人类带来真正的受益。从最初的基础理论研究到后来一步一步地细化以致最终实际应用，都伴随着课题内涵的增加和外延的减少。如何增加细节，需要我们结合实际，把握好分寸而且我们要充分开发所增加的细节。

在哲学课上，我们学过内涵和外延的概念。一件事情，内涵越大，外延也就越小。也就是说，这件事情本身包含的意义越多，它的可扩展性也就越窄。

在我们的科研上也有这个问题。我们研究的问题内涵越小，就越基础(Fundamental)，从而适用的范围就越广。但这并不是说我们都应该尽量去做基础研究(Fundamental Research)，或者越基础越好。因为非常基础的科研工作通常不好做，很难创新。比如一个基础问题可能已经被研究了很多年，各种情况都被考虑过了，各种方法也被尝试过了，很难再有突破，而且学术界的兴趣也已经转移了。这个时候我们可以做的是：增加这个课题的内涵。也就是说，让这个原本定义很宽泛的问题被赋予更多细节，让这个问题的建模更贴近于我们的生活和实际，从而推进这个问题的实际应用和部署。

举个例子。在 2000 年的时候，无线自组网络(Mobile Ad Hoc Network，MANET)的研究非常火。MANET 对节点移动性的要求非常宽泛，节点移动轨迹和连接拓扑通常都没有特定的限制。这时我们可以得到一些非常简洁的理论结果或者所谓的

Fundamental Results。比如后来的 Sensor Network、VANET、Wireless Mesh Network、Mobile Social Network 等，都是在 MANET 中加入了更多的细节，因此增加了 MANET 的内涵，从而缩小了其适用性。例如，Mobile Social Network 对节点的移动性做了进一步规范，假设某些节点的移动是具有社交属性的。这样研究的结果，就不适用于不具备这种社交属性的网络。但是这并不重要，因为这样假设所取得的结果，能精确地分析和设计具有社交属性的网络，而具有特定社交属性的网络虽不普遍，但是却足够覆盖很多用户。换句话说，我们并不需要让自己的科研成果放之四海而皆准，这样野心就太大了。如果我们的成果能被广泛地应用于某一种特定情况，而这种特定情况可以服务相当一部分数量的用户，那就已经是很不错的了。

　　说句题外话。乔布斯是很厉害吧，但是说到底他也只是设计了一个小小的 iPhone 手机和 Macintosh (Mac) 电脑，而不是半导体技术、互联网基本架构这种基本的成果。但是 iPhone 和 Mac 电脑深深地影响了几亿人的生活，为他们带来了快乐，这就很伟大了。我并不是鼓励大家去做实际的科研而放弃基础研究，我只是希望大家做科研的时候能够把心态摆正确，不要光想着做大事，让时代记住自己，或者说梦想自己扬名立万。这样，你做科研的动机就有私心。究竟做基础研究还是比较实际的科研，要从自己的兴趣入手。做科研的目的是推动人类的进步，让人们过上更好的生活。你的兴趣应该是你打算从哪里入手来实现这个目的，或者

做科研的目的是推动人类进步，让人们过上更好的生活。

说你对不同科研工作更认同哪种。

如果你做科研的目的是推动人类的进步，那么你做科研会更开心、更纯粹，你所做出的成果会更有价值，读你论文的人也会感受到你的思想和激情，这在客观上也会为你带来收益，比如较高的引用率和别人对你工作的认可。之所以讲这些大道理，是因为它直接影响到我们做科研的动机和心态。我自己曾经有过这样的经历。我刚刚到加拿大读书的时候需要确定自己的科研题目，我对自己说，我要做基础研究，在自己 20 多岁最宝贵的时间创造出耀人的贡献。于是我想了一个自己认为很基础的题目，分析 CDMA、TDMA 和 CSMA 在无线多跳网络中的性能，然后分别给出它们的适用范围和选择标准。比如告诉别人，在某些参数选取情况下，你应该适用哪种 MAC 模式，能获取多少带宽。我的目的是终结多跳无线网络中 MAC 协议选取的问题。后来跟别人讨论，很难说服别人认同我这种想法的价值。而且这个课题因内涵太小而显得很松散，能否取得我设想的结论也难以确定，所以后来也就不了了之了。但是当时的年轻气盛我现在仍然记忆犹新。这也再次表明，做科研要三思而后行，要多花点时间在提出问题这步上，多找有经验的人在这步上进行讨论。一旦走错了路，就会追悔莫及。

当我们对一个课题进行细化，加入更多信息和属性从而缩小内涵时，我们的论文需要充分开发这些新加入的属性。加入这些属性会缩小我们科研成果的适用面，但是会让我们取得的成果更贴近实际和更精确，帮助我们和前人的工作有所区分。

举个例子，我曾经与朋友合作过一篇有关车载的论文《Capacity and Delay Analysis for Social-Proximity Urban Vehicular Networks》(Proceedings of IEEE Infocom，Orlando，Florida，USA，March 25-30，2012)，其中研究了城市内车联网的带宽：分析车辆移动时，如果允许最多两跳的无线传递(Relay)，系统整体所能获取的通信带宽。在这个课题中，车辆的移动性建模非常重要，直接会影响到分析的结果。在这篇论文中，我的朋友采用了一个很特殊的车辆移动模型。他假设网络中每一个车辆有一个属于自己的固定的活动范围，这个活动范围有一个固定中心，叫 Social Spot。在每个时刻，每个车辆以高概率出现在离自己活动中心近的区域，以低概率出现在离活动区域远的区域。这种模型适用于模拟家用车辆。因为对于每个人一天的活动，都主要围绕自己的家庭或者办公区域，并且很少远离这个中心。

这种移动模型大大增加了车载网的内涵，因此使得外延变小。换句话说，对于不适用这种移动模型的车载网，所研究的科研成果可能根本无法适用。因为这点，审稿人可能会有所顾虑，怀疑结论的适用性。但是，如果我们在论文中论证得很清楚，这个模型就成为了我们论文的主要亮点。这主要有以下两个原因：

首先，我们不奢望这种移动模型适用于所有不同类型的车辆，只要有相当多的车辆适合这种情况，我认为我们的工作就值得了。还是那句话，我们不应该指望自己的科研成果可以造福数亿人民，只要我们的成果或者通信设计可以适用于一座城市或者数万群众，那么就很伟大了。因此在论文中，我们重点说服审稿人，我们使用的移动模型有很大的受众面，虽然不是普遍适用的，但是足以应用于很多场景。为此，我们引用了一个城市的出租车移动轨迹分析，来佐证我们这个移动模型的有效性。

其次，通信系统发展至今，如何让科研的成果转化为实际的产品是我认为最为重要的问题。我们所使用的移动模型虽然让我们论文的结论有了局限性，但是因为引入了某类车辆移动的特有属性，让我们针对这类车辆的建模和分析变得更加具体、准确，因此结论更加切合实际，从而推进了科研向实际的应用。

这就是回到了我们在图 2.1(a) 中所描述的科研方向问题。科研的最终方向是创造在实际中有价值的成果，推动人类进步。在这个方向上，科研的设计肯定会不断地具体，从而向实际情况靠近。这就意味着会不断地让问题的内涵增加，直到最后的实际部署。你的科研工作在图 2.1(a) 中这条轴上的什么位置，你应该清楚；轴两端的东西也要清楚。这就是我以前导师经常强调我们的，要了解科研课题的整体框架。实际上，这很难做到。如果你能清晰地把握自己科研课题的这条轴，你对课题的研究可能已进行两三年了，你也就该博士毕业了。不过这并不是说我们应该放弃；相反，我们应该让自己记住，对于每个科研课题都有这样一条轴存在，并且努力去思考它的内容。如果我们一时无法判定这条轴所指向的科研课题的未来走向，最起码我们要了解这条轴的起点，也就是课题存在的最初原因和根本问题。

我们之前曾说过，有可能你在提出问题一步中想到了一些问题，但是在后来的比较阅读中发现这些问题已经被解决了。我们说有方法规避。这个规避的方法其实就是增加问题的内涵，让你讨论的问题更贴近实际。这时，你可以直接使用前人取得的成果，踩在他们的肩膀上。这里增加的内涵，应该是你确定问题发展的方向，也就是图 2.1(a)中所描绘的。

2.3 分析和解决问题

上节我们介绍了应该如何提出问题，本节我们将介绍分析问题所通常采用的数学方法。我们主要针对通信学科，尤其是网络通信方向。

我们所要解决的科研问题通常可以分为两类：性能分析与优化算法。图 2.3 所示为这两类问题所采用的方法的示意图。

如图 2.3(a)所示，性能分析主要针对通信系统的需求来设计通信协议，然后采用数学建模和分析的方法来建立系统参数与系统性能之间的关系，从而优化系统参数以获取最佳性能。例如在 2000 年到 2004 年间大量进行的无线局域网协议的性能分析就主要属于这一类。

如图 2.3(b)所示，优化算法根据通信用户的服务需求，直接将系统设计建模为优化问题。由于优化算法通常有固定的算法，因此根据此方法设计出的通信协议将融合优化算法的固定算法行为。

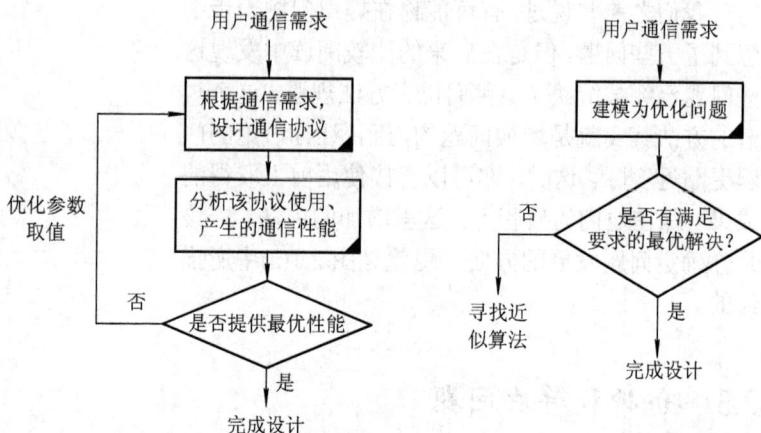

(a) 采用性能分析设计通信系统　　　　(b) 采用优化算法设计通信系统

图 2.3　通信方向大体的科研方法

　　比较两者，通过性能分析来设计系统，可以获得系统性能的准确数学表达式，因此可以较为精确地了解参数对性能的影响，从而指导现实世界中的部署。采用优化算法，如果可以找到问题的最优解，就可以获得最优的系统性能，但是无法获取这个性能的具体数学表达式。优化算法给出的协议，只是以一种数值计算的方法来逼近这个最优的性能。

　　这两类问题可以在设计中结合。例如，我们根据用户的通信需求和实际部署的环境，设计简单、实际并直击问题根本的通信方案和协议。接着在定义的通信系统框架下进行性能分析，来确定关键参数对系统的影响。然后通过优化算法，获取最优的参数选取。最后，将系统的性能用数学推演展示出来。这种课题的解决方案，我认为是最佳的或者最有贡献的论文。

下面介绍通信领域中常用的几种数学方法。这些数学方法都有自己的特性，可能分别使用上述两类方法中的一种。即使看似类似，并且主要用于解决同样类别问题的数学方法，也通常存在着根本性的差别，适用于分析系统不同状态下的性能而无法相互取代。了解这些数学方法的性质是我们搞科研的基础。这样，一旦遇到了一个科研问题，我们就可以先从大方向上确定所要采用的数学方法，然后再深入学习和思考如何采用该方法，按照自己的设想完成这个课题。

2.3.1 性能分析工具

性能分析主要采用随机建模的方法，使用概率论、排队论、马尔科夫链等数学工具。了解这些工具是从事通信领域研究的基础。下面我们针对不同工具，推荐几本国外经典教材。这些书讲述得很具体，给出了大量例子。阅读这些书，你会感觉仿佛有位老师在面对面地对你讲述，因此非常适合自学。

● 概率论：Sheldon M. Ross. Introduction to Probability Models. Tenth Edition，2009。

● 排队论与马尔科夫链：Leonard Kleinrock. Queueing Systems. Volume 1：Theory，1975。

• 再生过程： Robert G. Gallager. Discrete Stochastic Processes. Kluwer，Boston，1996。

上述分析方法通常用于分析随机系统,也就是分析通信过程中的随机事件,如用户请求、通信噪声与不稳定因素造成的随机系统性能。其中,随机过程主要研究随机变量的建模和分析,它是排队论、马尔科夫链等更高级工具的基础。

2.3.2 数学规划

数学规划或优化有很多不同的类别,如凸函数优化、整数优化等。不同的优化方法,主要是通过所要优化的系统的不同特性来采用的。比如系统是否是个非常动态的系统,是否存在随机变化的系统参数量,是否有集中的控制等。下面对这些优化方法做个简单的比较。

1. Markov Decision Process(MDP) 与 Network Utility Maximization(NUM)

NUM 是前些年很火的概念, 主要是在跨层优化的背景下提出的, 以网络 Utility 作为优化对象, 采用凸函数优化等数学规划的方法,设计出最优的网络协议。为方便后边的叙述,我们姑且笼统地认为 NUM 就采用的是凸函数优化。MDP 和 NUM 的区别在于, MDP 是针对动态系统, 优化系统随时间变化的平均性能。所谓动态系统, 就是指系统中有不断的参数变化。而 NUM 研究的静态系统主要是设计,在固定的一个时间点,系统参数已知且确定的情况下, 如何优化选择要设计的参数。因此,

MDP 是动态优化(Dynamic Programming), NUM 是静态优化(Static Programming)。

可能你会问，世界上根本不存在纯粹静止的系统，总会有参数发生变化。比如我们设计蜂窝网，网络内的用户数量会随他们的移动而变化。随着时间变化，也会因为人口密度而变化，网络内用户数量会发生变化。那么，这是否意味着 MDP 永远比 NUM 更有效？应该采取 MDP 还是 NUM，主要是看我们要研究的系统动态性到底有多强。NUM 或者凸函数优化等静态优化方法通常需要采用数值方法求解，通过多次尝试修改参数选择来逼近最优值，如 Steepest Descent。因此，NUM 设计的算法需要花时间去收敛到最优值。如果系统变化过快，那么采用 NUM，就有可能永远无法收敛。因为算法刚刚找到接近最优的解时，由于系统发生变化，最优解也相应变了，从而使算法需要重新寻找新的最优解。

但是，从理论上讲，如果一个系统同时采用 MDP 和 NUM 求解，NUM 的解法会得到更优化的解。因为 NUM 的解会让系统在每个时刻都有最好的性能，而 MDP 只是保证平均的性能优化。但是，从复杂度来讲，NUM 由于要根据系统变化不断地进行调整，因此对于变化比较频繁的系统，如果计算机同时运行 NUM 和 MDP 的解，那么运行 NUM 的计算机就会不停地运作，CPU 会很烫。MDP 的解可能会更自如地应对系统变化，但是 MDP 不适用于系统状态过多的情况。这就是著名的 Curse of Dimension(维度诅咒)。

2. Game Theory 与 Convex Optimization

Game Theory 与 Convex Optimization 的根本区别在于系统优化的方向不同。

Game Theory(博弈论)的问题经常会转换为凸函数优化问题。Game Theory 用于分析当网络中没有中心控制，网络内节点处于自治的情况下如何设计网络协议。更进一步说，Game Theory 假设节点是理性的自私(Rational Selfish)。所谓理性，是指一个节点都是以最大化自身利益为目标，不会去干损人而不利己的事情。所谓自私，指每一个节点不会去管别人死活，只关心自己的利益。举个简单例子，目前很多国家都有核武器，每个国家都是理性自私的(Rational Selfish)，这些国家不会因为看不惯别国就随便使用核武器，因为这样做既会损害别人，也会伤害自己。但是国家都是自私的，以攫取自身利益为最大目标。在通信网络中，因为这种理性的自私的存在，节点间可能存在一种互相的牵制，而这种牵制可能最终导致系统的平衡或节点相互制约。例如，如果一个节点为了自己的利益而去伤害其他节点的利益，那么其他节点也会采取相应的行动来维护自己的利益。这种其他节点的行动可能会最终导致这个节点自身的利益受损。出于对这种结局的考虑，节点就会接受目前的状态而不去伤害其他节点来攫取自身的利益。核武器的震慑作用就是这样体现的。

虽然 Convex Optimization 也多用于设计分布式系统，但是与 Game Theory 的根本不同是，Convex Optimization 假设网络节点都是"良民"，绝对服从组织安排，没有自私性。

由于对节点的假设不同，Game Theory 的设计主要目标是网络稳定性，或者追求纳什均衡(Nash Equilibrium)。因为在一个完全自治、节点各自为政的网络中，稳定的工作是首要的保证和最低要求。当采用 Game Theory 设计的协议被证明可以达到纳什均衡时，下一步才是分析这个系统的性能，或者叫 Price of Anarchy。如果这个性能和采用 Convex Optimization 设计的网络性能一致，那么就说明这个设计达到了最优，或者说又稳定，又不会因为节点的自私性对系统性能有损。因此，Convex Optimization 一定可以达到系统的最优性能。Game Theory 设计的终极目标是获得和 Convex Optimization 一样的性能，但是前提是达到纳什均衡。

3. Convex Optimization 与 Stochastic Optimization

从名字就可以看出，Convex Optimization 与 Stochastic Optimization 都是类似的数学规划的优化方法。与 Convex Optimization 不同的是，Stochastic Optimization 允许系统中有参数是随机变化的。这个随机变量可以出现在目标函数(Objective Function)中，也可以出现在限制条件的不同位置。根据具体出现位置，可能解法会相应调整。因此，Convex Optimization 是 Stochastic Optimization 的基础。而原本是 Convex Optimization 的问题，当考虑到某些参数是随机变量时，很有可能转化为 Non-Convex Optimization。因为需要引入随机变量的概率密度函数，而这个函数通常结构复杂，不是 Convex Function。因此，Stochastic Optimization 更复杂，但是对系统的建模更准确。有时候我们知道系统会存在噪声和误差，我们可以把这个误差和噪声建模成随机变量引入 Convex Optimization，使问题变为 Stochastic Optimization。这时，Stochastic Optimization 获得的解就会比较保守，因为需要考虑系统出现偏差时的对策(Worst Case Analysis)。因此，Stochastic Optimization 也常作为 Robust Optimization 使用。

4. 稳态和瞬态分析

对于通常的通信系统，我们都关心的是稳态性能或者稳态解。换句话说，我们关心当时间趋近于无穷大时系统的性能。此时，我们可以采用马尔科夫链建模和排队论。与排队论这样的动态系统分析工具对应的是 Network Calculus。这是一种静态的网络分析方法，这里不作介绍。

在很多情况下，我们还需要分析网络的瞬态性能。因为现在的网络由于节点的移动性，变得更为动荡。这时，一方面我们可能会关心当时间不趋近于无穷大时的性能，另一方面我们会关心系统是以什么样的速度达到稳态的。因为了解了这个，我们可以分析系统是否有足够时间达到稳态。另外，我们可以优化这个到达稳态的时间，让系统尽快收敛到稳态。

对于瞬态分析，我们通常使用的方法是微分方程建模。因为微分方程可以将系统参数与时间的变化联系起来，通过微分方程的求解，我们可以获取参数随时变化的表达式。在这个表达式中，让时间取无限大，就是系统的稳态性能。我曾在论文《Adaptive Topology Formation for Peer-to-Peer Video Streaming》(Springer International Journal of Peer-to-Peer Networking and Applications (PPNA)，Vol.3，No.3，September 2010)中采用了这方面的方法。

对于微分方程，有些论文还会采用随机微分方程(Stochastic Differential Equation)来对系统建模。与一般微分方程的区别是，随机微分方程考虑了系统参数可能是随机变量。

我曾经在有些排队论的书中看到过瞬态马尔科夫分析，基本上是用微分方程来取代马尔科夫中的状态平衡方程。对于数学工具，我们需要掌握的是它们的名称、功能和特点。这样当我们拿到一个问题时，分析了问题的性质就可以知道去学习哪种数学工具来求解。

不同数学工具，其中总有更好、更准确和更高级的。比如 Convex Optimization 的分析，总可以用 Stochastic Optimization 来做得更好，因为系统误差或者其他因素导致的随机参数总是不可避免的。在这种情况下，我们应该量力而为，选择自己能掌握的数学工具。这样，一方面我们可以更主动、有效地控制科研的时间；另一方面，过于深入、高级或细致的数学可能让你很难得到问题的有效解，同时也会引入大量不太人性化的数学公式。这种枯燥的数学可能很难让审稿人和论文的读者领悟，影响了知识的传播。这点写作时要注意。

上面我们简单介绍了一些通信领域常用的数学方法。总结一下，我之前所讲的主要针对连续系统的分析，也就是系统阐述连续变化，其中主要提到了动态分析、静态分析和瞬态分析三个方面的工具。还有一大类是离散系统的分析。在我的认识中，离散系统都是很难分析的，比如很多图论问题。所以碰到这类问题，我的方法都是首先考虑如何把问题转换成连续系统，然后再根据系统的性质和所需要的解来分析采用什么数学工具。

2.4　小结

科研工作就靠一个字：想。别人的论文发表得多，是因为别人"想"得多，"想"得深入。

怎么去想？想什么？在本章中，我们将科研的过程明确地分为三步，主要突出了提出问题这一步，希望读者能对这一步有充分的重视。

首先，我们强调要能够很好地提出问题，从问题最根本的起源出发，思考最亟待解决的问题。之后的科研以及所寻找到最直击问题本质的解决方法都是顺藤摸瓜的过程。因此，最重要的是找到"藤"，找到"藤"最关键的则是找到"藤"的头。

其次，我们强调要独立思维，做创造性的工作。别人所解决的问题和提出的方法仅作为我们的参考。要独立思维，那么在阅读别人的论文前，你应该有属于自己的问题和方法。这样你才有自己的观点，才能通过跟别人比较，了解你关心的问题是否重要，提出的方法是否有效。

　　本章结合科研的三个步骤，我们说要学会"读"论文。要"读"好一篇论文，让这篇论文的内容充分为我们服务，关键是要知道读论文的目的。这个目的在科研的不同阶段可能不同。比如一篇论文可能至少需要"三读"。一开始提出问题的时候，读它的 Introduction 和建模过程，学习它怎么架构系统，从而知道自己所关心的系统的基本架构和运作方式。第二读是比较阅读，将自己关心的问题和解决方案与这篇论文比较，从而更好地审视、改进自己的设计。第三读是学习这篇论文是如何具体对系统建模、如何分析参数、如何设计仿真的，从而为自己科研的具体展开服务。在这三读的每一步，当我们达到了"读"的目的时应该当做"读完"了，不要再去浪费自己的时间和精力。

　　因此，读论文要思考。思考的内容是以一个明确的目的为指导的。我们再重复一遍：整个读博的过程，就是练习思考的过程。思考中首要的任务就是确定做一件事情的目的。知道了目的才知道该用什么方法达到目的，才知道努力工作后是否达到了目的。讲远一点，一些相对成功的人士和我们的区别就是，他们知道做每一件事的目的，因此区别主次，剖析利害，然后直奔主题，非常高效地做事。而目的不明确就必然浑浑噩噩，做事像没头的苍蝇，四处碰壁而浪费很多时间。本书所介绍的其实就是在做科研和写论文中每一步的目的。比如做科研每一步的目的，阅读文献每一步的目的。在后文中我们会介绍写论文的方法，其实也主要是明确写作的整体目的和每一章节所要达到的写作目的，完成目的就收笔，不多写也不少写。

最后，我们介绍了一些常用数学工具的性质。如上一章最后我们讨论的，通信系统有不同的性质，我们应该认真分析系统，根据它的性质，使用最具针对性的数学方法。这就要求我们对不同的数学方法有所了解。这并不要求我们掌握各种数学方法，而是知道不同数学方法的性质，能够在需要的时候找到合适的数学工具。

阅读论文是一种学习数学工具的好的方法。当我们读到一篇论文，使用了一个你不熟悉的数学工具时，应该留意它所要解决的问题。了解这个问题的性质，然后记住这个方法，以备不时之需。

第三章

英文论文写作

本章我们介绍一些英文论文写作的技巧。

英文论文写作很容易,因为它不需要你有很强的文学造诣和掌握大量的辞藻。同时,英文论文也很难写,因为论文的写作目的是引发读者去思考,向他们传递你的思想。我们知道,思考是件很容易让人疲惫的事情,所以如果你的论文写得晦涩难懂,别人会感觉疲惫,不知道你在讲什么,很容易放弃阅读。因此,英文论文的写作目标应该是让读者很容易地理解自己所要阐述的思想,而不是追求文学上的优美。

晦涩的文章很难让人喜欢。这点可能很多学生都有体会,因为自己可能读到过很多这样的论文。作为很有经验的科研者和审稿人,如果他们在语言上读不懂一篇论文,那么他们不会认为是自己的阅读能力有问题,肯定会认为这篇论文的表述有问题。仅此原因,就足够拒收这篇论文,不管论文的内容多么精深。原因很简单,"the paper is not ready for publication"(本句为我们见到的一篇论文返回的审稿意见中的原话)。我有一个朋友，他的论文理论深度足够被接收，但是因为英文表述不好，被审稿人拒收了。这很正常，因为在"老外"看来，这篇论文只需要再花几天的时间好好修改语言问题，就可以重新投稿发表，因此没必要在这篇论文不是最佳状态的时候接收，这也是对作者负责。可是他们哪里知道，我的这位朋友可能需要改上几个月的时间，才能达到他们所预期的语言效果。总而言之，英文表述不好，会影响论文思想的传播，会直接导致你的论文被拒收。

3.1 论文写作文风

一篇好的科技论文应该如同一杯清水，清澈透明，很容易让人看到它的内容，理解它的全部。

在具体讲述英文写作之前，先讨论论文写作想要追求的效果或文风。这决定了你写作的态度和努力的方向。对于这个问题，我认为，一篇好的论文应该如同一杯清水，清澈透明，很容易让人看到它的内容，理解它的全部。文学创作，例如散文和小说，可能会是一杯茶水，甘涩但是有回味，同时无法让人一眼望穿。但是这种感觉不是科技论文所应该追求的。所以，我个人认为，在写论文时，追求的效果应该是希望让读者阅读时，仿佛面对一条潺潺流动的小溪，感觉清新、透明，一眼可以看到水中的石头和小鱼。这对于中国人来讲是比较容易达到的。因为做到这点，不需要我们掌握很大的词汇量，只需要我们懂得使用最直接、直白和准确的词汇，让读者很容易地理解作者所要描述的事物。而不是使用一些我们认为有"品味"的词，让读者阅读时感觉云山雾罩，人为地制造了阅读障碍。

读"老外"写的论文，就是所谓的 Native Speaker，由于他们所使用的词汇和表达方法经常会让你感觉阅读他们的论文就像是在喝一杯咖啡，令人回味。但是这可能不是中国人所能掌握的，而且也不是我们必须模仿的。其实，如果我们试图模仿这种写法，很容易给审稿人东施效颦、邯郸学步的感觉，会被"老外"讽刺，"the authors should find a native speaker to proofread their paper"。总之，我们应该把自己的文风定义为清澈透明、清新易懂。

3.2 英文用词

一篇好的论文阅读起来应该是流畅的，如行云流水般，这就需要使用最直接明了的语言。读到一个词，读完一句话，很容易让人理解它的意思，体会它所要传递的思想，而不要让读者停下来去猜测它的意思。这样很容易让读者疲惫，从而放弃阅读。

尽管这个道理大家可能很容易懂，但是很多人可能还是控制不了地想让自己的论文繁花似锦，文采飞扬。我就曾经是这样的人，也因此被审稿人讽刺，说"the paper is trying to make itself flourish"。用词可以活泼，但是一定要用得准确，恰到好处，而不是故意塞一些"有深度"的词，让读者认为作者"有水平"。

论文读起来最好流畅，如行云流水般。但前提是容易懂，不要"水"是流过去了，读者脑子里什么都没留下。

我很早之前读过一篇论文《Is Fair Allocation Always Inefficient》(in Proceedings of IEEE Infocom，vol. 1. Hong Kong，7-11 Mar 2004)，写得很好，有兴趣的读者可以找来读一读，感受一下。

国外的学生用词会更准确。因为这些词经常出现在"老外"的生活中，虽然中国人感觉陌生，有新鲜感，但对"老外"来讲，却很直接，而且准确。比如表达"这个问题归根于寻找一个满足公式(1)的解"，我们可以说"this problem boils down to finding an appropriate solution to (1)"。对于短语 boil down to，中国人可能很陌生，但是对于"老外"却很直接和熟悉。因此对于用词，应该注意两点：第一，长期积累，学习"老外"所通常使用的词汇；第二，勤查词义，保证用词的准确性。

3.2.1　词汇的长期积累

对于词汇的长期积累和培养，我采用的方法是摘抄英文句子。具体方法是，准备一个好的笔记簿，每次读到别人论文中比较好的句子和词语时，我就把这个句子整个摘抄到这个本子上。摘抄时，我会整句地摘抄，而不是将里边不需要用到的词省略。这样做可以保留句子的全部信息。在你需要使用这个句子表述类似的意思时，可以立刻回想起原先作者所要表述的全部意思，从而使自己的变动比较准确，避免因为信息不全而错误使用这个句子。

坚持论文摘抄，每次需要写作时去翻阅一下。

摘抄时，请务必使用手写，不要使用电脑存为 Word 文档。原因是如果使用电子文档，当你要读这些摘抄的句子时，只能打印出来或者在电脑上看。这样你会感觉自己是在阅读论文，有种疲劳感，而不像手写在本子上感觉那么亲切。同时，眼过千遍，不如手过一遍，手写的印象会比较深刻。此外，手写摘抄也可以练习我们的硬笔书法，如果以后我们做老师，也不至于因为板书太难看而被学生嘲笑。

摘抄的句子通常是 Introduction 里的。有些 Related Works 和 Conclusion 里的惯用套句也可以摘抄，在自己需要使用的时候可以拿出来。这么做，有点像新东方教的应对托福和 GRE 作文的模板。从某种程度上说论文写作有些"八股文"的感觉，使用这些套句并不算抄袭。例如，所有的文章都会在 Introduction 一章的最后描述全文的结构，其中可能用到这一句："In Section II, to position our original contributions, we briefly review some of the past and current approaches commonly employed for…"。如果结合自己的内容，将其部分地用在自己的论文中，就算不上抄袭。

当然，摘抄的句子不能整句不动，原原本本搬进自己的论文中，这样就是抄袭了。EDAS (www.edas.info)投稿系统会比较论文的相似度，并据此给论文打分。如果有整句的抄袭，很有可能会被这个系统盯上，影响论文的命运。曾经有新闻说美国某大学的博士论文，有将近三分之一涉嫌抄袭，其实主要就是因为这些论文抄袭了其他论文的某些句子，并非是剽窃了别人的学术成果。

句子摘抄是目前我个人认为提高科技文写作

最有效的方法。这件事什么时候做都不晚，因为它会立即见效，而且会潜移默化地提高你的写作能力。比如每次在我需要写论文的时候，我都会把自己的摘抄本拿出来读一读，找找感觉，让这些优美的句子熏陶一下我。当我在写作过程中需要表述一个意思，但是实在不知道怎么讲时，我会读读摘抄本上的句子，看看有没有可以借用的。后来摘抄本读多了，我就对上边的句子有更深的印象了，写作时需要表达一句话，可能回想起摘抄本上的某句话可以参考。但是最初我还不熟悉这句话具体在摘抄本上的哪个地方，于是我就翻阅摘抄本去找这句话。在寻找的过程中，我又会把摘抄本上的大部分句子读一遍。这样，久而久之，我会反复阅读我摘抄本上记录的句子，使这些句子在我脑子里的印象不断加深。这样查多了，读多了，我就能逐渐背诵出这些句子。当我能够大体背诵一个句子时，这个句子就算是我自己的了，不再是摘抄本上的了，这时我就能灵活运用这个句子。当你所掌握的句子多了，你的英文写作能力也就自然提高了。

3.2.2 善用工具，勤查词义

　　要了解英文词汇的准确意思，对于没有把握的词汇我建议读者多去翻阅英英词典，如 Merriam-Webster 词典 (http：//www.merriam-webster.com/)，仔细体会这些词汇的英文含义。

对于频繁使用但是拿不定意思的词语，可查英英词典。

　　另外一个很有效的方法是使用 Google 搜索。Google 搜索提供了很多搜索的辅助功能，对我们准确找到最准确的搜索内容提供了很多便利。

这里我们所要介绍的是使用 Google 提供的强制搜索功能，也就是双引号的使用。比如我想说"这是一个合理的假设"，我想使用"this is a reasonable assumption"这句话，但是我不知道"resonable assumption"是不是符合英文表达习惯，同时这种用法是否是我要表达的意思，那么我们可以在 Google 搜索栏中输入"this is a reasonable assumption"(双引号与搜索内容同时输入)，如图 3.1 所示。这样，Google 会将双引号里的内容作为一个整体来搜索。如果不加双引号，Google 会返回搜索中含有"this is a reasonable assumption"中部分内容的句子。具体的效果，读者可以自己在 Google 搜索中实验一下加双引号和不加双引号的区别。根据搜索返回结果的数量，我们可以知道这句话是不是"老外"常用的。并且，进入一条搜索结果，我们可以查看这句话在搜索到内容中的使用方法。通过阅读这句话在搜索内容中上下文的意思，我们可以知道"老外"在使用这句话时，到底表述的是什么意思。

此外，我们可能会经常使用中英词典，根据写作中所需词语的中文意思来查找一个英文词语用在论文中的意思。对于没有把握的词汇，我建议都使用这种方法：通过 Google 的强制搜索功能了解一下自己所要使用的这个词在自己所要表述的上下文中是否适用。例如，我们想说"丰富的网络资源"，但是又不想使用 Rich 这个普通的词，于是我们在词典上搜索"丰富的"的英文翻译，找到了

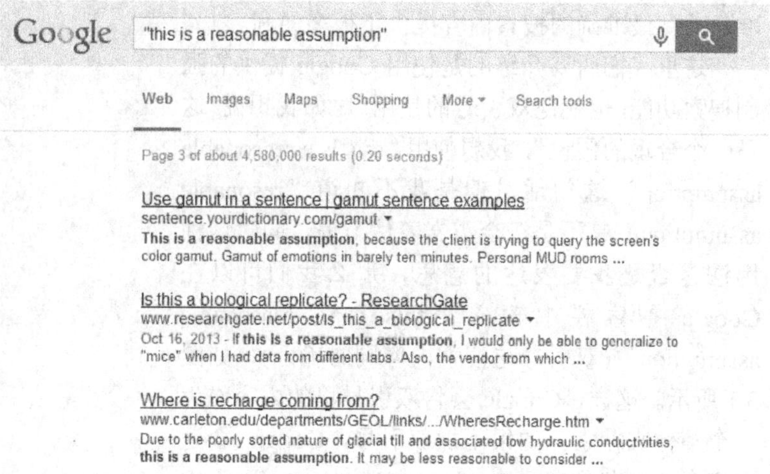

Google   "this is a reasonable assumption"

Web   Images   Maps   Shopping   More ▾   Search tools

Page 3 of about 4,580,000 results (0.20 seconds)

Use gamut in a sentence | gamut sentence examples
sentence.yourdictionary.com/gamut ▾
This is a reasonable assumption, because the client is trying to query the screen's
color gamut. Gamut of emotions in barely ten minutes. Personal MUD rooms ...

Is this a biological replicate? - ResearchGate
www.researchgate.net/post/Is_this_a_biological_replicate ▾
Oct 16, 2013 - If **this is a reasonable assumption**, I would only be able to generalize to
"mice" when I had data from different labs. Also, the vendor from which ...

Where is recharge coming from?
www.carleton.edu/departments/GEOL/links/.../WheresRecharge.htm ▾
Due to the poorly sorted nature of glacial till and associated low hydraulic conductivities,
this is a reasonable assumption. It may be less reasonable to consider ...

图 3.1 谷歌强制搜索功能

Luxuriant 这个词。那么当你要在论文中使用
"Luxuriant Resource"时，一定要去 Google 搜索
上使用强制搜索，整个搜索一下，然后点击进入搜
索到的内容中，结合上下文看看是不是自己想要的
意思。我曾经帮一个朋友修改论文，他使用的一个
词语我很不习惯。于是我将包含这个词的短句使用
这个方法在 Google 上搜索了一下，Google 只返回
了三条搜索内容，其中两条都是我这位朋友在他自
己之前发表的论文中使用的。换句话说，全世界基
本上只有我这位朋友在这样使用这个词。

Google 搜索还提供带有星号(*)的通配符搜
索。配合双引号在搜索内容中加入星号，Google
会将星号作为通配符使用。例如，我想说"这是一
个合理的假设"，我不知道"合理的"怎么表达，

我可以在 Google 中搜索"this is a * assumption"。
这样，Google 会返回所有符合"this is a + 任意内容 + assumption"这种模式的内容。如图 3.2 所示，Google 可能返回"this is a realistic assumption"、"this is a reasonable assumption"、"this is a contradiction to the assumption"等。然后你可以点击链接，通过阅读上下文，了解这个短句的意思，然后选择符合自己需求的词汇。

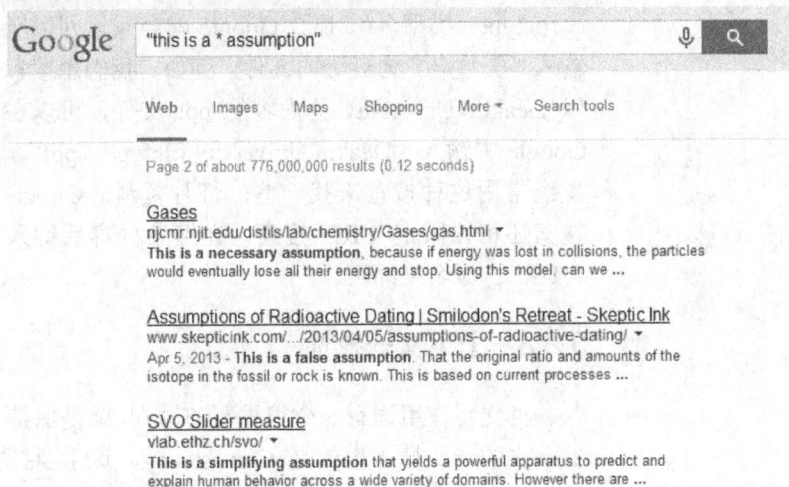

Google   "this is a * assumption"

Web   Images   Maps   Shopping   More ▾   Search tools

Page 2 of about 776,000,000 results (0.12 seconds)

Gases
njcmr.njit.edu/distils/lab/chemistry/Gases/gas.html ▾
This is a necessary assumption, because if energy was lost in collisions, the particles would eventually lose all their energy and stop. Using this model, can we ...

Assumptions of Radioactive Dating | Smilodon's Retreat - Skeptic Ink
www.skepticink.com/.../2013/04/05/assumptions-of-radioactive-dating/ ▾
Apr 5, 2013 - **This is a false assumption**. That the original ratio and amounts of the isotope in the fossil or rock is known. This is based on current processes ...

SVO Slider measure
vlab.ethz.ch/svo/ ▾
This is a simplifying assumption that yields a powerful apparatus to predict and explain human behavior across a wide variety of domains. However there are ...

图 3.2   Google 的通配符搜索功能

下面再介绍一些 Google 搜索提供的其他功能。

在搜索中，如果我们需要针对某种类型的网站进行搜索，可以在搜索关键词后加"site：网站类型"。例如，我以前上 Broadband Communication Network 这门课(别人给我上课)后需要考试时，我都会去国外的网站找些类似课程的考试题来练习。这时我就会搜索"broadband communication network exam site：edu"。这样，Google 就只在 edu(美国教育网)的域名内搜索我需要的内容。在我给别人上 Communication Networks 这门课时，也会搜索"communication network lecture notes site：edu"来找一些类似课程的主页和资料作为参考。

在搜索中，如果我们在搜索内容后加入"filetype：类型名"，那么 Google 就会只返回以所输入"类型名"为后缀的文件。例如，我们想搜索以 Deakin University 为内容的 ppt 文件，可以在 Google 中输入"Deakin University filetype：ppt"。我经常用这种搜索来找一些幻灯片资料。Google 搜索还可以限定 URL 搜索，在搜索内容后键入"URL：域名"即可。

3.2.3　上下文一致性

英文写作用词有一个很重要的原则，就是保持上下文的一致性，也就是 Consistency，这主要针对的是名词术语。上文使用一个名词去称呼一个物体或定义一个参数，下文一定要使用一样的词语，以避免歧义。例如，在车联网的论文中，我们会考虑如何为车辆提供互联网接入服务。这时，我们可能会将车辆称为 Vehicle、User、Node 等。如果我们在文中选择了一个名词，就应该尽量通篇使用这个名词来表述我们所要研究的物体。如果为了避免重复，想交叉使用不同词语，就一定要在段落中或

针对术语和问题前后表述，要保持一致性，以避免歧义。

者脚标下注明，这几个词语在文中属于交叉使用，并且代表同一个事物。

上下文一致性还体现在数学符号、字体的使用上。例如，数学集合使用黑体大写字母，随机变量使用斜体小写字母。一旦这么做了，通篇都应该保持。这样可以让读者看到这个符号时就能快速联想到它的数学性质。

一致性的目标有三个：第一，通过一致性，可以防止产生歧义；第二，通过一致性，作者在文章中建立了一种习惯，这样读者在阅读论文时，可以熟悉并掌握该论文中蕴含的写作规律和习惯，从而根据这习惯了解这个标注背后的意思，而不用作者反复声明；第三，通过一致性，读者可以通过前文猜测后文作者要做的事情，这通常是指论文章节之间的一致性。例如，我们的论文可能分别讨论同一系统在不同情况下的性能，这样在论述不同情况时，我们可以采用类似的结构。读者阅读完第一种情况，就大体知道其他情况的讨论是使用什么结构展开的。尽量多地让读者了解论文结构和轻松知道作者的意图，可以让读者更容易接受这篇论文，帮助他们阅读。

上下文一致性主要是针对术语、数学符号和文章的表述结构的。为了使论文写作流畅、朗朗上口，我们需要避免重复使用一些频频出现的词语。这类词语主要是动词、副词和形容词。例如，表达"获得"这个意思，我们可以用 Get、Achieve、Attain、Obtain、Derive 等，在合适的环境下交替使用。积累一些词义相近的动词、形容词和副词，并且在论文中灵活使用，是写作的基本功。但切记，这些词不要生僻，要让读者看到后立刻能想到它的意思。

3.3 论文写作的逻辑性

本节讲述如何让我们的论文有逻辑性。如我们之前所说的，逻辑性就是因果关系，这个因果关系就是我们论文的主线。我们说做科研的过程就是"顺藤摸瓜"的过程，这个"藤"跟这里的"主线"是一个意思。文章中所有论述的内容都应该围绕这条主线。这条主线的起点或者论文的根本原因，应该是工业需求，也就是科研动机。打个比方，我们的科研课题可能是一团缠在一起的麻线，这条线就是逻辑，如图 3.3 所示。要理清这个线团，我们应该从线头开始，这个线头就是科研动机。

做科研的过程是"顺藤摸瓜"的过程。这个"藤"就是逻辑。"藤"可能缠成一团，非常难理清。我们应该找到"线头"，也就是科研动机。这个科研动机应该是从问题的根本获取的。

写论文的目标就是把这个过程描述出来。让读者也能顺着我们提供的"藤"，找到我们需要的"瓜"。

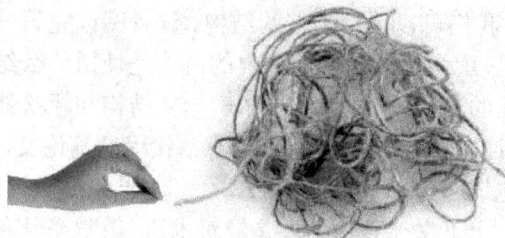

科研动机是线头

图 3.3　科研动机是论文逻辑的开始

结合我们在上一章所说的，这里的科研动机应该是在提出问题这一步确定的，然后从问题出发，顺藤摸瓜，理清图 3.3 中的麻团。例如，我们确定了科研的问题和科研动机后，为了解决问题并满足设计需求，我们需要分析困难在哪里，是什么妨碍了我们解决这个问题。接下来我们需要以科研动机为奋斗目标，逐一克服这些困难，最终完成设计。其大体过程如图 3.4 所示。

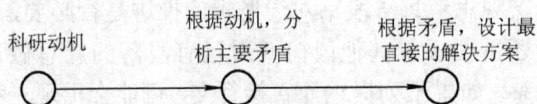

图 3.4　根据科研动机，一步步发展科研

保证论文全文逻辑性最有效的方法就是构思或者规划。每写一章、一段话和一句话前，我们就应该规划好这些文字在逻辑上和全文中的作用。这里我们再次强调，"想"是写论文和做科研的关键。在我们做科研的时候，需要思考如何做出科研成果。在写论文的时候，也需要"想"着写。例如，我们要想清楚科研动机，想清楚如何用最直接的思路把这个科研工作介绍给大家，想论文的每一部分，比如 Introduction、Related Works 等，应该如何布局和规划来达到全文的写作目的。因此，做科研要想怎么解决科研问题，写论文的时候同样要想怎么把论文的逻辑清楚地展现出来。

本节假设我们需要开始从头写一篇论文，通过具体描述一篇论文的写作过程，来介绍我们自己总结的一些比较实用的技巧。

3.3.1　准备工作：论文提纲

一篇论文的写作是一项比较浩大的工程，通常需要花费几个月的时间。在具体开始写作前，列个提纲从而有计划地写作，是非常必要的。因为它可以帮我们规划每个章节中每个段落所要传达的意思和在全文中的作用，从而帮助我们更好地把握全文逻辑的展开方式。例如，当我们写好提纲时，可以宏观思考每一段话对于逻辑的推进是否必要，是否还需要添加其他段落并对已有段落的意思做出调整。如果不列提纲而直接行文，可能会出现一种情况，我们写好了 Introduction 中的几段话，发现这几段话所表述的意思不够紧凑，或者逻辑连接不紧密，或者逻辑展开的角度有偏差。因为种种原因，需要换一种方式表述。这时，我们可能删掉自己花了几个星期写出来的东西而重新开始写。这样会花费我们大量的时间，并且消耗我们的意志。

列提纲的目的就是让我们在写作前，能够对每个章节的表述事先规划。如果觉得提纲中列举的逻辑展开方法不合适，我们只需要删除几句话，重新构思就行了。而不像直接写作，发现问题时再删，删除的是几段话。简而言之，写提纲的目的，就是写作前事先规划，从而做到"既见森林，又见树木"。这种写提纲的方式，就如同画家作画。画家在画一幅画前，都会用铅笔在画板上大概勾勒需要绘画的内容，这样做可以控制绘画的版面布局。等布局大体确定了，再使用水笔和颜料作画。

在本章章末，提供了一篇我在自己的论文中使用的提纲，可作为读者撰写提纲时的参考。论文的出处是：

Tom H. Luan, Xinhua Ling, Xuemin (Sherman)

Shen. MAC in Motion: Impact of Mobility on the MAC of Drive-Thru Internet. IEEE Transaction on Mobile Computing, Vol. 11, No. 2, pp. 305-319, 2012.

以附录的提纲为例，在列举这个提纲时，我通常会首先给论文起个固定的名字。然后把论文的章节名称依次写出来，如 Introduction、Related Works、System Model 等。然后，我在每次需要具体写一个章节时，再去细化这个章节里的段落安排，包括这一章节需要安排几个段落，每段需要传达什么意思，中心思想是什么。

在写完这一章的提纲后，我会整体揣摩一下这样安排是不是能够实现论文 Introduction 一章所想达到的逻辑目的。这里又提到了"目的"这个词。也就是说，写每一章你需要明确地知道自己的目的是什么，这样才能知道朝哪个方向努力，以及自己是不是能够实现这个目的。对于论文每一章的目的，我们会在后边讨论。

在揣摩所完成的 Introduction 一章的提纲时，我会考虑目前规划的段落和每段的中心思想是否需要调整，这种论文展开的方式是否直接，是否能激发读者的兴趣，是否能最直接、准确地引出我的科研动机和思路。如果不行，我会调整段落的结构，或者重新规划段落的中心思想，直到自己觉得满意为止。

不同章节内，提纲所要列举的内容会有所不同。例如，在 Related Works 一章中，我们会分别列举自己打算分几类来调研目前的文献。在

Simulation 一章中，我们可以规划仿真的项目，如何设定仿真参数，在哪台机器上仿真。

总之，写论文提纲主要是为方便自己的论文写作，是帮助自己规划每个章节所要展开的方式，以防止自己贸然开始写作，在没有清晰主线的情况下东拉西扯，没有主题。

3.3.2 学会控制信息量

我们写论文的目的是要将自己思考的科研成果讲述给别人，让别人能够理解我们的思想，从而让别人可以踩在我们的肩膀上向前走。我们取得的成果，不是几句话就能够阐述清楚的，需要慢慢地、详细地讲解，因此我们可能需要写一篇十多页的论文。更重要的是，别人在阅读我们的论文前，通常对我们的科研成果一无所知。这个时候，我们在给别人讲述的时候，就要一点点地把我们的结果讲给他们。等他们充分消化了这些知识和信息后，再讲述其他内容。这个过程就如同父母给孩子喂饭。我们要让孩子吃完一碗饭，就需要一勺一勺地喂，而且每一勺都要控制饭的量。喂多了，孩子会无法咀嚼和消化。同样的道理，在论文写作中，一个很关键的原则是要控制传递给读者的信息量。因此，每一章、每一段，甚至每一句话所要传递的信息量都要有控制，这样才能写出高质量的论文，保证读者能充分地消化这篇论文。

可能有较真的读者会问，如果信息量写少了会怎么样？这个问题我从没考虑过，因为我从不担心

我们写论文的目的是要将自己思考的科研成果讲述给别人，让别人能够理解我们的思想，从而让别人可以踩在我们的肩膀上向前走。我们在给别人讲述的时候，就要一点点地把我们的结果讲给他们。等他们充分消化了这些知识和信息后，再讲述其他内容。

有人会把信息量给少。我碰到的都是使劲给孩子喂饭，恨不得一碗饭一勺子喂进去，这在论文写作中就人为地造成了阅读障碍。

控制每个句子的信息量(control the level of details)很重要。如果我们以后当了老师，需要给学生上课或者在会议上作学术报告时，最应该注意的就是这点。

控制章节的信息量最有效的方法就是：清楚地知道每个章节的作用和写作目标是什么，根据这个作用来控制要传递多少信息量。一旦目标所要求的信息量达到了，就立即停止，不再赘述。如果想一股脑地把所有信息提供给读者，恨不得让他们一下子明白自己的全部设计，这样只会让读者读起来觉得很累。同时，这样很容易造成内容重复，因为你可能在一个章节中传递了原本应该放在其他章节的信息。在写到那个章节时，又重复了这些信息。

对于每一章节，我们应该了解它的目标，根据目标控制信息量。对于每一段，甚至每一句话其实也是一样的。

每一段的目标，就是我们提纲中所列举的中心思想。中心思想表述清楚了，就可以结束这一段，开始下一段了。每一句话的目的，需要我们在具体写作时结合上下文去感觉和判定。在本章的最后，我们会提到论文的二次修改，即写完论文的初稿，对论文的句子进行修改的过程。这时，因为有了上下文，你就可以判定自己文章中的每句话要达到什么目的，是否达到目的，是不是写得足够清楚简洁，应该如何去修改。

> 每一章节、每一段落，甚至每一句话都有其目的，写作时要明确这个目的，达到目的立刻结束。这是控制信息量最有效的方法。

在下边的几节中，我们会针对论文的几个章节，主要是 Abstract、Introduction 和 Related Works，分别来讲解具体的写作目标。

3.3.3　如何写 Abstract

在具体讲 Abstract 的写作目的前，我们先想想论文的审稿人是一种什么心情和状态。他们可能接到审稿邀请(Review Invitation)很久，在截止日期快到的时候，不得不在百忙之中抽出时间来审你的论文，因此他们的心情可能比较烦躁。此外，我们自己在写论文的时候，可能先写好其他章节，最后才写 Abstract。但是审稿人审读论文一定是从 Abstract 开始的。因此，他们对我们论文中所涉及的内容没有任何先前的了解或者先验知识(Priori Knowledge)，甚至必要的背景知识，比如做无线网络的人去审 TCP 的设计论文。因此，你应该用最轻松(Light-weight)的方式让审稿人上手，而不是一上来就给他们排山倒海的信息，把他们一下击晕。最后，明确一下审稿人阅读我们论文的目的：判断我们工作的质量和贡献，确定是收还是不收。

不要让你的 Abstract 一上来就给审稿人当头一棒！

总结一下，在审稿人阅读 Abstract 的时候，他们处于刚刚开始阅读的热身阶段，心情还有些起伏，没有任何预备知识，他们只想知道这篇论文是不是真的有科研贡献，具体有什么贡献，该收还是该拒掉。

通过上边的结论，我们说 Abstract 章节的写作目的是：用最轻松的语言，让读者了解你所论述问题的重要性、所提出方法的有效性和贡献。Abstract 就是为读者对全文建立一种初步印象，来引导他们通过读后文全面认识你的工作。因此，写这一章，你所追求的效果应该是当读者读完这一章时，对你的论文有如下印象：这篇论文研究的是该领域一个非常重要的问题，并且提出了一个非常有建设性、行之有效的解决方法（比如最优的、分布式、快速收敛的算法），最后用仿真数据展示该方案能提高至少 60% 的网络性能。

总之，你应该让读者读完你的 Abstract，感觉热血沸腾，对你的论文非常感兴趣。但是他们不清楚为什么这篇论文的方案会这么有效，因此在一种强大的好奇心的驱动下，怀着无比崇拜的敬意，迫不及待地想去阅读你的全文。如果达到了这种效果，审稿人的情绪就会被你调动起来，你的 Abstract 的目标也就达到了。

当然，要写出这种 Abstract 主要看你的工作是不是真的有突出贡献。没有特别贡献的工作 Abstract 写得再好，也写不出什么。我们之所以讲 Abstract 的写作，是要让你知道 Abstract 写作应该如何控制信息的描述。当你的工作有料时，不要因为写得不好，让读者无法领悟到论文的重要贡献。

结合上述目标，Abstract 一章应该分三点来写：

第一，描述问题的重要性。用一两句话高度概括，最好直击问题本质，让读者根据自己的基本知识能够想象，这是一个非常有意义并且有挑战性的问题。具体的展开，比如这个问题产生的历史原因，为什么会如此重要，解决这个问题存在哪些难点，

好的 Abstract 可以让读者读完感觉热血沸腾，对你的论文非常感兴趣。但是他们不清楚为什么这篇论文的方案会这么有效，从而在一种强大的好奇心的驱动下，怀着无比崇拜的敬意，迫不及待地想去阅读你的全文。

为什么会有这些难点，都不要去赘述。

第二，论文所提出的解决方法。这一点也应该是高度概括的，能让读者大体了解作者采用了什么样的数学工具和所提出方案的性能。在这一章，我们通常只需要高度概括所提出的方案的思路，然后务必使用一些能为所提方案定性的词汇，如Optimal、Distributed、Resilient等。这些词汇可以帮助审稿人判定方案的性能以及论文的价值。一定不要过于详细介绍具体的算法内容和设计思路。因为读者在阅读 Abstract 时，完全没有先前的知识做铺垫，只能依靠自己的基本知识来理解作者的意思。因此，即使作者较为详细地阐述了设计内容和思路，读者也很难充分理解，反而会由于过度思考造成疲劳或者忘记了 Abstract 所要表述的主旨。

举个例子，我曾经读过一篇论文，作者描述自己的设计为多层架构(Hierarchical Architecture)，然后具体介绍了每一层的设计思路和目标。这就有些累赘，因为审稿人需要理解每个层还要知道这些层是如何协同运作，为什么要这些层。这么多的信息很容易让审稿人疲惫，而且很容易吓到审稿人，让他们觉得这篇论文后边有好内容等着他们去读。其实，在这里我们只需要定性地告诉审稿人本论文使用了多层架构的方法，但是不需要介绍具体每层都是干什么的。因为审稿人此时根本无法理解，而且也不关心这些细节，这是论文后边需要专门详细介绍的内容。

第三，方案性能的描述。通常是使用一些具体的仿真数据来说明，所提出的设计可以大大提高网络性能或者有效解决问题。我个人认为，应该尽量使用一些具体内容，而不是高度概括地去描述性能，比如说"Extensive simulations show that our scheme can outperform previous proposals"。实际上，我自己在论文里也这么说过，这是偷懒的方法，不提倡。

　　以上三点应该均衡，每点大体使用两句话完成。达到了写作目的，就不要赘述。也就是我们之前所说的，要控制信息量。Abstract 只有 200 字左右，不需要也不可能把全文所有内容表述清楚，因此要明确且切记写作目的，充分利用这 200 字和审稿人有限的精力。

Abstract 只有 200 字左右，不可能把文章的全部思想和内容一股脑地描述给读者。切记，应根据 Abstract 的写作目的，控制信息量。

　　这里我们提到使用"最轻松"的词，可以理解为"轻口味"。比如不要在 Abstract 里使用排山倒海的术语或者术语的简写，如 POS(Progressive Optimization Scheme)。因为没有上下文和背景知识，审稿人可能根本没办法理解这个术语，对于简写也根本懒得费脑子去记忆。例如，我在写关于车载网论文的 Abstract 时，有时候需要提到 RoadSide Unit (RSU)。这是车载网的一种放置于路边，相当于基站的通信单元。我尽量描述成 Communication Infrastructure 而避免使用 RSU。因为你很难保证你的审稿人有车载网的知识，知道什么是 RSU。此外，我个人很讨厌在论文中使用简写。因为需要费脑子记忆，记不住的时候经常需要去翻查前文去找它的意思。因此如果你非要使用多个简写，最好把定义放在显眼的地方，或者列个表来定义这些简写，让阅读的人能够很容易找到这些简写的定义。

与人方便，也就是与己方便。

当你写完了 Abstract 后，可以用 E-mail 把它发给不同的人阅读，让他们帮忙看看是不是能达到被你调动起来的效果，觉得你的工作重要并且所提出的方案让人印象深刻，询问他们的感受，看看是不是自己赘述了，然后修改。

3.3.4　如何写 Introduction

对于很多人，Introduction 的写作其实是第一步。因为 Abstract 可能是当全文都写好了最后才写的。写 Introduction，我通常采用三步。我们之前阐述的列提纲其实是第二步，用来确定 Introduction 这章整体的思路和每段的中心思想。

这里从头开始介绍第一步：蓄势。

开始一篇论文写作，就如开始一段长跑，起步是很困难的。当你一旦跑起来了，顺着逻辑思路走，后边就很轻松了。

起步这一阶段，我采用的方法是让别人为我带跑。具体方法是，每次开始写作前，我会先从网上下载一二十篇同一领域中类似课题的论文。通常是长文，比如 IEEE Transaction 的论文和 Infocom 这种 9 页以上的会议论文。然后只打印这些论文的前两章，也就是 Introduction 和 Related Works，用双面打印就是一页纸。然后我将打印的十多页纸装订在一起，一篇篇阅读。这样做有以下好处：

首先，我可以看看别人是如何撰写他们的 Introduction 的：他们是如何介绍研究动机的，他们在 Introduction 这章中，每一段是如何安排的，逻辑是怎么展开的。在阅读他们的 Introduction 和研究动机时，我经常会和我的研究动机做比较，从而更好地思考和审视自己提出的问题，斟酌问题的重要性，更好地寻找切入点来阐述自己的研究动机和紧扣全文的核心。这也是一种比较阅读。当自己对自己论文的研究动机把握得更清楚或者更自信的时候，你会感觉自己很想尽快开始写作，以将自己的想法公之于世。这个时候，你就被别人带跑起来了，可以开始自己写了。

其次，读别人的 Introduction 可以帮助我们积累背景知识和写作素材。在别人所撰写的 Introduction 中，通常需要对相关领域做一些介绍和调研。这些可以为我们写 Introduction 提供参考和素材。比如我们想要阐述的网络性质，别人在他们的 Introduction 里也介绍了，那么我们就可以看看别人是怎么讲的，我们可不可以从同样的角度去讲。别人有些观察可能很深刻，而且我们之前没有注意到，那么如果对自己的论文有用，我们就可以把这些信息融合到我们的论文中，为我们提供素材。

最后，读别人的 Introduction 可能为我们提供一些优美、简洁的词语和句子，丰富我们摘抄本上的内容，也为我们自己写 Introduction 提供一些语言上的感觉。

综合上述，我写 Introduction 的方法是：第一步，大量阅读别人论文的 Introduction 章节，给自己找感觉，让别人为自己带跑，找到写作的冲动和所需要收集的素材；第二步，撰写大纲，确定段落中心思想，然后开始具体的写作；第三步，动笔撰写。

同 Abstract 一样，我们在写 Introduction 一章时，需要明确地知道，这一章的写作目的是什么。了解写作目的也是为了更好地控制信息量，简洁明了地把逻辑主线描述出来。

Introduction 的写作目的是详细阐述论文的研究动机和科研贡献(Research Contribution)，同时简要描述论文的设计方案。Introduction 写作追求的效果，就是让读者清楚地知道这个科研的来龙(也就是问题产生的原因)，粗略地把握去脉(也就是实现方案)。让读者读完这章，认同作者，这篇论文是考察一个有意义的课题。

Introduction 的写作内容，其实就是我们在讲做科研一章时，所指出提出问题这一步思考出的结果。因为这个性质，我自己写论文时，通常在完成了提出问题这一步后，就立刻开始写 Introduction 这一章。这时我还没有开始具体地进行深入的推导和分析，我会在本章结尾的写作流程一节详细描述我是如何做的和这么做的目的。

3.3.5 如何写 Related Works

与 Abstract 和 Introduction 相似，我们写 Related Works 这一章应该先仔细想想要达到的目的。有些读者可能认为，这个目的是很明确的，就是介绍领域内的相关论文，就像 Related Works 的字面意思所表达的。这个所谓的目的太过宽泛，会让你写出的 Related Works 太过松散。

Introduction 写作步骤：
(1) 蓄势，让别人带跑；
(2) 写章节段落提纲；
(3) 动笔。

Related Works 应该达到以下三个目的：

第一，我们应该尽量多地引用一些相关文献。这样做的目的是让审稿人觉得我们知识丰富，对该领域有充分了解。

第二，我们应该尽量多地引用近期发表的文献。这样审稿人会感觉我们的论文所讨论的题目是热点课题(Hot Topic)。我审过一篇论文，文章是2013年投的，但是参考文献大都是2010年前的。我个人非常喜欢审这种论文，因为可以轻松拒掉，或者至少给个大改(Major Revision)。因为这些论文完全不清楚目前该领域的发展现状，无法证明所讨论的问题，目前依旧重要且未被解决。这些论文很可能是曾被其他期刊拒收，修改后重新投过来的，因此作者没有再及时跟进目前领域的发展现状。如果你的论文中有这种情况，一定要注意补充新的信息。

第三，调研相关文献的目的是将别人的工作与我们的论文相比较，从而突出我们所提方案的贡献。我们写 Related Works，目的主要是告诉审稿人，我们工作的贡献在哪里，为什么值得被发表。这点是我们写这章的核心思想。因此，当我们介绍别人的工作时，只需要点一下这个工作的目标和科研的角度，绝对不要花太多笔墨去介绍它的具体内容和贡献。有些人可能觉得，自己有责任详细介绍背景文献，来为论文的读者提供更多的信息，从而为学术界做些贡献。这样想动机是好的，但是方法是错误的。因为我们的论文主要目的是介绍自己的方案，不是别人的。更实际地说，我们的论文首先是写给审稿人的，他们只关心我们论文的内容和贡献以及该不该接收，别人的工作他们并不关心。如果我们希望为论文读者提供更多信息，完全可以让读者知道这些参考文献的存在，让他们自己去阅读原文就可以了，不需要仔细介绍这些论文。

在和前人的工作进行比较时，有一个基本的原则是，不要去贬低别人的工作。即使你真的觉得别人的工作在你的"伟大思想"面前根本不值一提，也不要去正面攻击别人的工作不高效或者不实际等。因为，这样做很不礼貌，可能是你没有充分了解别人的工作，才做出这样的评判。更重要的是，这些论文的作者因为跟你的领域相近，很可能就是你的审稿人。他们读到你的这种表述时很可能会被你触犯，直接毙掉你的论文。我曾经有过这方面的教训，在论文中对一篇参考文献有比较明显的不屑，结果我的论文被别人痛批了一顿。

作为审稿人，我也审过一些引用了我的论文作为主要参考文献的论文。我在审这些论文时，面对他们对我工作的评价也很紧张。我希望他们对我的工作认同和认可。同时，如果他们批评了我的论文，我会很注意这种批评是否正确，这篇论文是否真的解决了我没能完成的事情。如果没有，我会很清楚地指出。我们讨论别人的论文不是为了批评别人来彰显自己，而是很客观地指出我们工作和别人工作的区别，从而让审稿人知道我们工作的意义。当我审那些引用我论文的论文时，从情感上讲，我很希望这些论文被接收。一方面，可以增加我自己论文的引用率和影响力；另一方面，可以帮助我所关心的研究领域扩大影响力。但是我对这些论文可能会很严格。因为毕竟是我研究了很久、如数家珍的课题，我很容易就能知道这些论文是否避重就轻。因此，论文质量才是硬道理。

此外，Related Works 这一章还存在时态问题。这一章一般情况下通篇采用一般现在时态。这是上下文一致性(Consistency)的体现。虽然这些工作是以前做的，但是他们的发现是客观存在的。所以如果你用过去时态，可能自己都会很纠结。一会感觉应该用过去时态，一会又感觉应该用一般时态。这样会让自己的论文看上去很乱。这里介绍一个小技巧，也是我一位师兄给我说的。如果你对于时态问题有什么顾虑，可以去 IEEE Xplore 上找一篇 IEEE Transaction on Networking 的论文或者自己领域的核心期刊(Top Journal)。这些论文的写作是很规范的。你可以看看他们都采用了什么时态。论文一般通篇都采用一般现在时态。Conclusion 一章可能针对本文提出方案全部采用过去完成时，以一致性(Consistency)原则为准，以避免论文语言忽左忽右、变化不定对阅读带来的影响。

3.4 论文的二次修改

论文写好后，要反复修改以提高论文的可读性。一方面，我们自己需要反复修改语言。另一方面，我们需要将论文交给导师或者其他合作者，请他们就论文的内容提出修改意见。

下面介绍一些进行论文修改的方法和经验。

3.4.1 修改语言：分析句子信息量

我们自己对论文的修改，主要是针对语言，包括词语的拿捏和句子的改动。论文的修改主要针对的是句子，或者说每句话对于逻辑展开的执行。对于文章的框架和逻辑我们不需要改动，因为这是在一开始写作和列提纲时就应该确定的。改动句子的目的是让句子表达更直接、简洁，在上下文中更能清楚地表述作者的思路和论文的逻辑。

修改论文的语言，追求的目的就是让自己的论文读起来如行云流水，清晰地向读者表达自己的思路，所使用的方法还是控制信息量，即结合上下文分析每个句子包含的信息量，然后逐一调整。

分析句子的信息量，就是分析这一句话传达了多少信息给读者。如果一句话的信息量超出了我们的需求，我们就应该把它拆成多个短句，用简明、短小的句子分别表述来减少信息量。这样，让读者吸收了这些信息再去阅读后边的部分。中国学生写作很容易犯这个问题：过多使用从句。从句从文法上感觉很简洁，但是它简洁却不简单，从读者理解的难易程度上，可能因为包含多层意思而很难让读者记忆和消化。一般人的阅读习惯是在看到句号时才停止一句话的阅读。阅读从句，很可能造成的结果是，读者对前半句的内容还没来得及消化和理解就要开始读后半句。搞得像猴子掰玉米，看了后边忘了前边，最后什么都没记住。我们写论文，如果需要读者反复去揣摩和消化一句话，或者读后文需要回过头去查阅前文来帮助理解，那么我们的论文

分析句子的信息量，即根据句子要达到的目的和效果，确定如何断句。

就不会有好结果。

当然，并不是说不能用从句。如上文所述，如果一句话的信息量超出了我们的需求，那么我们就应该断句来减小这句话的信息量，让读者易于理解消化。因此，句子的长短需要根据句子的表达目的或者我们的需求来定。例如，我之前和一个朋友合作的一篇论文中的 Abstract 中有这么一句：We propose the cooperative drive-thru Internet in which a series of vehicles in proximity form a group to connect and download from the roadside infrastructure in order to ....这句话就写得过长，表达的信息量太多。首先，We propose the cooperative drive-thru Internet 就应该断成一句，因为这句话为全文定了一个思想：cooperative drive-thru Internet。我们希望审稿人在读全文时都能清晰地记住这几个单词，因此它应该很简短，让审稿人花足够长的时间把目光停留在这句上去记忆它。后边的内容如何断也需要看这句话对本段和全文的重要性。如果也需要审稿人深刻记忆的，还是应该断成短句。如果只是为他们留个印象，囫囵吞枣地理解，那么就可以使用较长的句子，让他们快速读完。

通过这个例子可见，如果一句话只是需要给读者留下一个粗略的印象或者感觉，那么完全可以使用包含多个从句的长句。比如 Introduction 的第一句话，通常用于介绍工业背景，很多论文使用很长的从句，甚至一段话就是一句。这样比较紧凑，一方面因为不需要读者充分理解，另一方面，读者可能对这些内容已经有了解，完全可以在快速的阅读中仍然吸收它的内容。但是如果我们要表达一个全新的内容，需要读者清楚地理解和记忆这些内容，或者需要他们消化这句话后再开始下文的阅读，那么就应该使用短句。

很多人可能是因为感觉短句连接性不好，太冗繁，从而使用了从句。要让短句变得有文法和紧凑，我个人认为最好的方法是使用连接副词或者有连接效果的标点符号。这样一方面可以增强句子间的逻辑关系，让读者读起来更容易知道文章是如何推进的；另一方面可以消除短句间相互分开造成的间断感觉。因此我们在阅读别人的论文时，应该多注意别人是如何衔接句子的，学习他们的词语使用方式。例如，常用的表示推进的词语有 moreover、furthermore、more importantly；常用的表示转折的词语有 however、nevertheless。当两个句子关系很紧密时，我们可以用分号将它们隔开。看到分号，读者知道一句话结束了，会去揣摩这句话的意思。同时分号告诉读者，下一句话跟这句话关系紧密，应该放到一起考虑。破折号表示对词语意思的补充，有兴趣的读者还可以上网查英文破折号的用法。用好这些标点符号，往往比连词更简洁、更直接。这里虽然鼓励使用连接副词，但也不是说每句话都要用，一定要有个度。

还有一些小细节应该注意。论文中对于将来时态，比如 will 之类的词汇，使用的时候可结合上下文和语气斟酌。因为 will 可能语气太强，导致论文叙述太过肯定，从而不严谨。论文中也不要有明显的感情起伏，让读者读起来感觉情绪有大起大落、一惊一乍的句子，比如 what's more 或者 the value suddenly increases a lot。对于这种表述，如果你不清楚是否合适，可以在 Google Scholar 的搜索引擎上利用强制搜索和通配符搜索看看，有没有通信或者科技类论文这么叙述。别人如果使用，是在一种什么上下文的背景下使用的。What's more 可以用 More importantly 来代替。论文写作不要出现省略格式，例如，it does not work 不要写成 it doesn't work。从句的省略词也最好全部写出来，比如 it is because that，最好不要省略 that。

3.4.2　与导师合作论文

论文写好后都需要交给合作者和导师修改，那么应该在论文修改到什么状态的时候给他们？我个人的建议是：当你的论文在语言上完全没有问题，阅读理解上完全没有障碍的时候，再交给导师和其他人修改。或者说论文写到可以提交的时候再给导师修改。这样，我们把导师当做审稿人：我们需要让他们把所有的精力花在修改我们论文的内容上，而不是语言上。

专门提出这点，是因为我自己有过深刻的教训。我在读硕士的时候，总是刚刚写完一篇论文，就急迫地把论文初稿交给导师修改。主要是因为自己看到这篇论文就感觉厌烦，实在是看不进去，改不了了。我想很多人都会有同样的感受。因此，我想把论文给导师，我自己缓缓，希望导师能先帮我看看论文的内容和推导有没有问题，有没有什么东

要让导师把有限的精力放到修改论文的内容上，而不是文字上。

西需要补充继续做的。我知道这个初稿在语言上有问题，我也真心不希望导师花时间帮我改语言，而是希望他可以先看看，对论文大体内容和方向提出一些建议，然后等过两天我缓过劲来，看论文不那么厌烦了，再结合语言问题和他提出的问题一次性地进行修改。可事实上是，我的导师读这个初稿时，把精力全部都花费在语法、拼写错误(Typos)和词汇的使用上了。经常出现的一幕就是我坐在他的桌子前，他埋着头，一句一句问我什么意思，一个词一个词地帮我纠正。这个时候，我真是体会到了如坐针毡，想找个地缝钻进去的感觉。总是想给他说，我再拿回去改改，可是一切已经太晚了。

后来在我读博士的时候，我用了一种全新的方式：我保证自己每次的论文没有语言问题，修改到很流畅，并且容易懂的时候才给导师修改。这样，我的导师经常可以很快给我反馈，而且可以针对论文内容，给我很中肯的修改意见。因为他可以很快地读完我的论文并且很容易看到我论文内容上的问题，而不用再在语言上花费精力。

我们的导师通常都很忙，有很多事情要做，可能同时有很多学生给他们论文请他们帮忙修改。这时，如果你的论文语言有问题，导师就会觉得是个大麻烦(Big Trouble)，认为这个论文离发表还有一段距离，那么他们就会把你的论文扣下来，去修改那些麻烦小点的论文，也就是读起来很通顺、内容上也完整的论文。这样你就会陷入很尴尬的境地。你可能希望等导师给你反馈了，再去修改这篇论文，但是导师可能会拖很久，因为很多人对于大麻烦的第一反应都是先拖着。但是如果你自己先修改了，又不知道怎么把更新的版本给导师，害怕自己一旦给了导师，导师说他辛辛苦苦改了半天，结果你直接删除了这些内容，浪费他时间。这些事情都曾在我朋友的身上发生过，希望读者引以为戒。

因此，为了让自己的论文可以快速得到导师的反馈，并且从根本上提高质量，我建议同学们给导师论文时，要保证语言上已经没问题，这样导师的修改才会是锦上添花，而且快速反馈。这个说起来容易，但是我想很多人经常会跟我之前一样：完成一篇论文后，短时间内再看就觉得恶心，实在是改不下去了。这样，要想修改到语言没问题，可能要再过上很长时间才能给导师修改。这就和我们上面说的当论文语言修改到没问题时再给导师这点矛盾。如何克服这种矛盾，就是我们下边要介绍的论文写作流程的安排。

3.5　论文写作流程

前文曾介绍过，做科研通常分为三步，即提出问题、分析问题和解决问题；写论文也分为若干章节，即 Introduction、Related Works、System Model等。我们在本节中要讨论的是：对于做科研的三步和写论文的几个章节，应该先完成哪个，后完成哪个。

可能很多人会不假思索地认为，当然是先完成了科研整体的三步，或者完成了科研设计和分析的全部工作，然后开始依次写作各个章节。

在具体实施时，可能多少有些差异，但是可能大多人基本按照这个过程。比如我有位师姐目前在香港任教，她通常是对每个课题先进行理论分析，然后仿真。当完成所有科研工作，比如完成了公式定理的推导和仿真时再开始闭关写作。她说自己会三天三夜待在宿舍不外出，把全部时间用在写作上。我还有位朋友在国内任教，他的方法是每次对于一个课题和自己的想法先做仿真，等仿真结果证明自己的想法有效时，再开始理论推导。等科研分析和推导都完成了，然后写论文。

以上两种流程的区别是一个先分析，再仿真，最后写论文；另一个是先仿真，再分析，最后写论文。但是都基本上是完成了全部的科研，再开始写论文的。

我的流程跟他们有些不同，具体是：当完成了科研中提出问题一步，确定了自己科研的课题、科研动机，以及对问题进行了比较阅读和简单的分析建模后，我就开始写 Introduction。这个时候只能写 Introduction，因为理论分析和建模还没有完成。但这不妨碍我写 Introduction，因为这一章的目的就是描述我的科研动机，也就是为论文定性。论文后边部分的建模分析和理论结果只是定量地描述我定性分析的结果，我并不需要在 Introduction 中详细介绍它们。用我的方法，当我成功写完 Introduction 后，通常对自己的研究动机认识比较清楚。最重要的是我说服了自己这是个有价值的课题。因为我必须在 Introduction 这章说服审稿人对我课题的认同，而这是以说服我自己为前提的。等我自己坚信这是个正确的方向时，不管后边理论分析取得什么样的结论，我觉得都是有价值，值得发表的。因为这是大家关心的科研方向。

因此，我的方法是：找到自己认为有价值的科研问题后，就直接开始撰写 Introduction；然后做具体深入的建模和分析；完成分析后，再完成论文 System Model 章节(第三章)；然后完成仿真和相应章节，最后完成 Related Works 和 Conclusion 章节。Related Works 放在后边是因为这章要彰显我们的Contribution，所以需要在我们对科研认识非常深入的时候才能写得比较有质量，也就是在最后得出结论的时候。

和我之前讲述的我的师姐和朋友的方法相比，我的方法是在做科研的同时就开始撰写论文，而他们是等一切材料准备完毕后再开始写作。我这么做的好处主要有以下两点：

第一，先写论文的 Introduction 再开始做科研，可以让我明确科研方向和科研动机。如我们之前所说，科研需要沿正确的方向上迈进，因此科研方向最重要，理论分析次之。使用我的写作流程，在开始理论分析前就先完成了 Introduction 这章。我之前讲过，这样可以在我开始理论分析前，对自己的课题有充分的信心。

举个例子。我有位朋友做认知无线电(Cognitive Radio)的科研，就是先做科研设计和分析，当完成了全部设计后再开始论文写作。他曾遇到这样的问题，就是在完成了一切理论工作，最后开始写论文 Introduction 的时候，感觉科研动机不强烈，说服不了自己。可是这个课题已经做了几个月的时间，不发表又不甘心，所以感觉很"鸡肋"，内心很纠结。

第二，我这样写论文和做科研交叉的写作流程，可以帮助我们随时记录科研思考的结果，非常适合在一种经常被打断的工作环境中使用。举个我自己的例子，我读博是在一个比较大的组，经常会和别人合作论文。因此有时候为了帮别人赶截稿日期，我需要中断我自己的科研。有些时候，我可能收到之前投到某一期刊的论文的第一轮修改意见，需要修改自己之前的论文，于是也需要我中断目前正在进行的工作。总而言之，因为种种因素，我的科研总被不同的事情打断。有经验的朋友知道，科研工作非常需要有连续的时间进行持续的思考，中间一旦被打断，过一阵子再捡起来时又要重新热身，回顾自己当初的想法，找到当初的感觉。这可能需要重新读论文，重新去想自己走到哪一步了，为什么要这么做，下一步想要做什么。这样反反复复很浪费时间，而采用我之前介绍的工作流程可以有效解决这个问题。因为先写好论文的Introduction，每次当我被打断然后需要重新捡起之前的工作时，我都会去读我先前写好的Introduction。这样，一方面可以重温我当时的研究动机，帮我找回先前的思路；最重要的是，我每次读自己之前写的 Introduction 时都可以从语言上去修改它。同时，因为和上次写作有时间间隔，再次阅读时我可以换个思维，以陌生的眼光去重新审视

想一想如何安排自己的写作和科研工作的流程，让自己能够及时记录科研进度，积累思考结果，来充分利用时间提高科研效率。

用下边的空间来总结一下自己的写作流程，再想想是否应该改进。

自己描述的问题，然后对它的科研方向做出调整。这相当于自己做自己的审稿人。这个过程就如图3.5 所示。因为这个特点，我的论文在写的时候就被反复修改，所以当我完成这个论文的最后一章时，其实前边的内容已经被反复修改过很多遍，尤其是 Introduction，因此基本没有语言问题，可以直接交给导师修改。

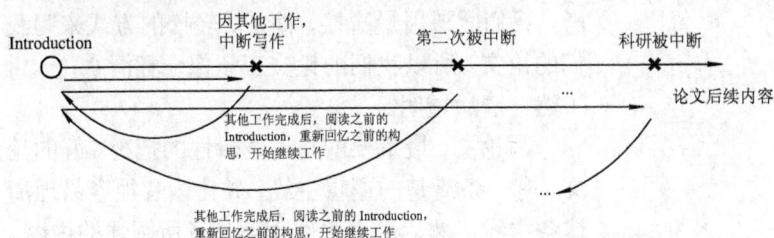

图 3.5　论文写作中断，然后重新开始

　　每个人因为处于不同的环境并且有不同的个人习惯，可能都有适合自己的写作方式和流程。我在这里介绍我的流程并不是让大家来模仿，而是希望把这个明确地提出来，让每个人去思考然后找到最适合自己的方式。这种最适合自己的方式可能是在完成了多篇论文后，一点点调整和总结经验最后形成的。

　　所有经常写论文的人都有自己的一套写作流程和工序。你可以去问问别人是怎么做的来完善自己的方式。对于自己的流程，你需要能够准确细致地描述出来，并且知道这么做的理由。这个时候可能你才算真正掌握了一套适合自己的、优化的写作流程。

3.6　小结

　　论文写作的目的,是将自己所思考的东西传授给别人,从而让读者了解自己的思想。思考是很容易让人疲惫和放弃的事情。因此要引发别人的思考,我们应该用最直接、简洁、轻松的方式来写我们的论文。所以我们的论文应该像一杯清水,一目了然、清澈透明。

　　写论文,最重要的是对逻辑性的把握。好的论文,有一条清楚的逻辑主线,并让读者很容易理清这条主线,然后顺着主线理解作者所阐述的内容。要让自己的主线明晰,一方面,我们在做科研的时候,就应该从科研动机出发,寻找针对问题最根本、最直接的解决方案。这样在写作论文时,我们可以清晰地将科研的来龙去脉准确地呈献给审稿人。另一方面,在写作前,我们应该好好地规划全文,理清了思路和全文的主线后再动笔,不要贸然行事,想到哪里写到哪里。要做到这点,本章我们提出了两点:第一,在行文前要列提纲,规划每一章节的内容和逻辑展开的方式;第二,清楚地了解每一章节的写作目的,朝着这个方向努力。

　　对于句子的修改,主要是要分析句子的信息量。当信息量已经很多的时候就断句,等读者能够消化这句,再让他们开始读下一句。

　　对于论文的写作流程,主要介绍了自己的写作流程,希望可以引发读者去思考:何时做科研,何时写论文，怎样寻找一种适合自己工作环境和状态的写作流程。

附：论文提纲举例

MAC in Motion: Impact of Mobility on the MAC of Drive-Thru Internet

Ⅰ. Introduction

    a. Importance of providing Internet services to vehicles

    b. Practise of drive-thru Internet and its recent research developments

    c. Why we are motivated to analyze the MAC performance of the drive-thru Internet，and what the challenges are

    d. Brief discussion of our proposal and contributions

    e. Structure of the paper

Ⅱ. Background

    a. Introduction of 802.11 DCF

    b. Problem of deploying DCF in drive-thru Internet scenario

Ⅲ. Network Model and Protocol Design

    a. Model setup

        i. Assumptions

        ii. Mobility model

        iii. Markov chain model

    b. Probability of transmission

    c. Throughput

Ⅳ. Model Validation

    a. Simulation setup

    b. Legacy DCF (simulation performed in server #1)

第四章

科研工具

工欲善其事，必先利其器。科研工作是一项综合任务，我们不光需要进行数学推导、计算机仿真，还要会使用文本编辑工具进行论文撰写、绘图。这里边的每件事情都有相关的工具。例如，Maple 可以帮助我们进行数学推导，NS2 和 Matlab 可以帮我们进行计算机仿真，SmartDraw 和 Visio 可用来画图。熟练使用这些工具是我们高效进行科研的保证。下面从数学工具、仿真器和论文撰写三个方面介绍一些常用的科研工具。

4.1 数学工具

这里主要介绍一个数学软件——Maple，它和 Matlab、Mathematica 并称为数学软件三剑客。

虽然 Maple 和 Matlab 齐名，但我相信很少有朋友了解并且会使用这个软件。Maple 是加拿大滑铁卢大学数学学院开发的。对于科研工作者来说，我个人认为它比 Matlab 更重要。

Matlab 擅长的是进行数值运算。而之所以说 Maple 对科研工作有用，是因为它擅长的是符号运算。具体来讲，数值计算就是对于每一个问题，将已知参数的数值作为输入，求得输出的数值，也就是进行数值计算(Computation)。对于符号运算，我们不需要给出参数准确的数值，而是可以用符号来代替它们进行演算，用已知量的数学符号来表示未知量。因此，符号运算进行的是数学推演(Deduction)。

例如，我们想求解一个简单的一元二次方程 $ax^2 + bx + c = 0$，其中 a、b、c 是已知参数，x 是需要求解的未知数。如果使用 Matlab，我们需要提供 a、b、c 的具体数值，然后使用 Matlab 提供的函数求出相应的 x 的值。但是如果使用 Maple，我们不需要提供 a、b、c 的具体取值，Maple 可以直接给出 x 的符号解析解，如图 4.1 所示。读到这里，可能你已经发现 Maple 强大的地方：它可以帮助我们推导公式。其实 Matlab 也可以进行符号运算，只是操作较为复杂而且效率很低。我自己使用过 Matlab 6.5 的符号运算功能，相当的不人性化。

下面简单介绍一下在图 4.1 中使用的一些基本的 Maple 语句。建立读者以图 4.1 中的程序作为例子，自己尝试输入运行一下。这里对于 Maple 的介绍只是起到抛砖引玉的作用，对此感兴趣的读者请参考专门的资料。

• restart 的作用是清空 Maple 中缓存的数据信

息。在我们使用 Maple 进行该函数运算前，可能曾经使用 Maple 进行了其他运算。这些运算可能使用了同样的参数，比如对 a、b、c 进行了赋值，并将结果驻留在了内存中。使用 restart 意味着刷新存储，清空以前的操作，重新开始计算，从而不让之前的运算妨碍到现在的工作。

• Maple 中使用 ":=" 来表示赋值操作。比如 $f := ax^2 + bx + c$，意味着用参数 f 来代替 $ax^2 + bx + c$ 这个表达式，那么以后要操作 $ax^2 + bx + c$ 这个表达式，只要调用 f 就行了。如果不用冒号，而写成 $f = ax^2 + bx + c$，表达的意思就是数学上的等号概念。Maple 区分赋值操作和数值相等这两个概念，是因为等号有着固定的数学意义，表示等号两边参数在数值上相等。在方程组联立求解时，我们就需要使用等号而不是赋值操作(:=)。

• Maple 中每个语句可以使用分号(；)结尾。这样，Maple 会回显我们输入的表达式，如图 4.1 中公式(1)所示。Maple 的每个语句也可以使用冒号(：)结尾，这样就不会回显。

• 使用 Maple 的过程中，如果对某个函数的定义不清楚，可以使用问号加函数名(? 函数名)的方法来搜索该函数的使用方法。如图 4.1 中，可使用?solve 命令来查询 solve 命令的使用方法。

采用 Maple 进行绘图也比 Matlab 方便很多。如图 4.2 所示，假如我们想绘制函数 $f := a\sin(x^2)/x^{1.3}$ 的图，其中 a 取值为 12，x 的取值范围是[1, inf]。在 Maple 中，定义了函数以后，我们只需要使用一个 plot 命令就可以绘制出这个图。如果使用

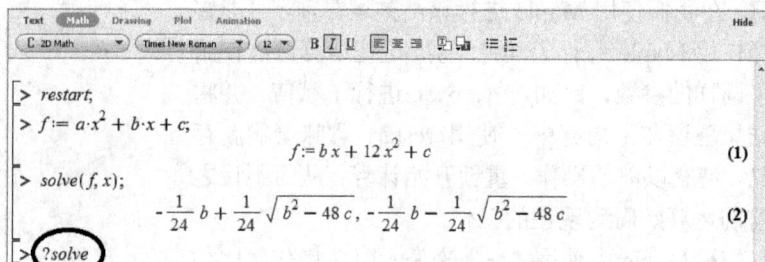

图 4.1　使用 Maple 求解一元二次方程

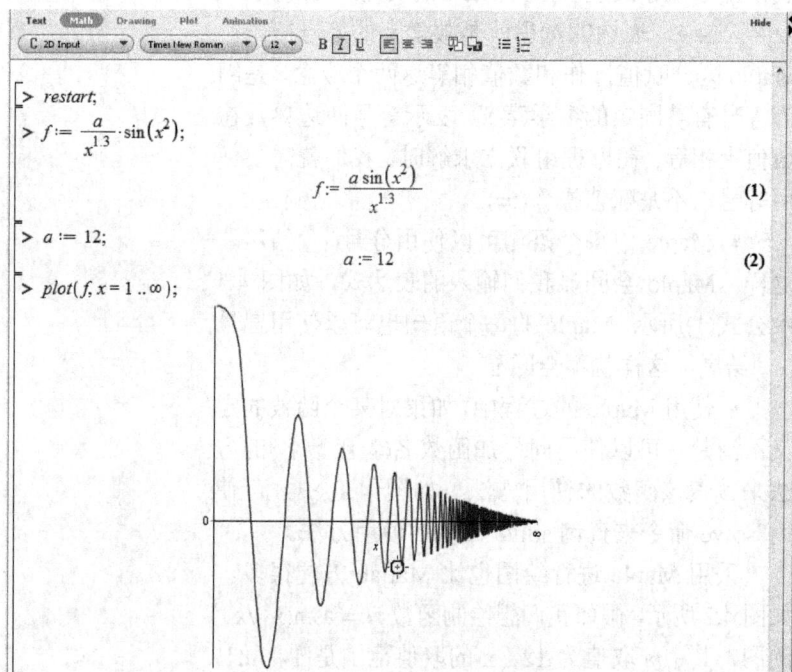

图 4.2　使用 Maple 绘制二维图

Matlab，我们需要对 x 进行赋值，再画出 f 在 x 的每个取值下相应的值，然后调用 Matlab 中的 plot 函数。这个操作相对复杂很多。我曾经在自己的论文中想要了解一个函数的变化图，需要对知道当变量取值为 inf 时曲线的样貌。由于我个人知识所限，不会使用 Matlab 计算变量取 inf 时函数的值，后来 Maple 帮了我大忙。

如果我们想画函数 $f := a\sin(x^2)/x^{1.3}$ 的 3D 图，那么使用 Maple 中的一条命令即可解决。如图 4.3 所示即为为 $x \in [1，20]$，$a \in [5，10]$时该函数的 3D 图。在生成的图上点击右键，可以对该图的参数进行调整或者导出绘制的图。

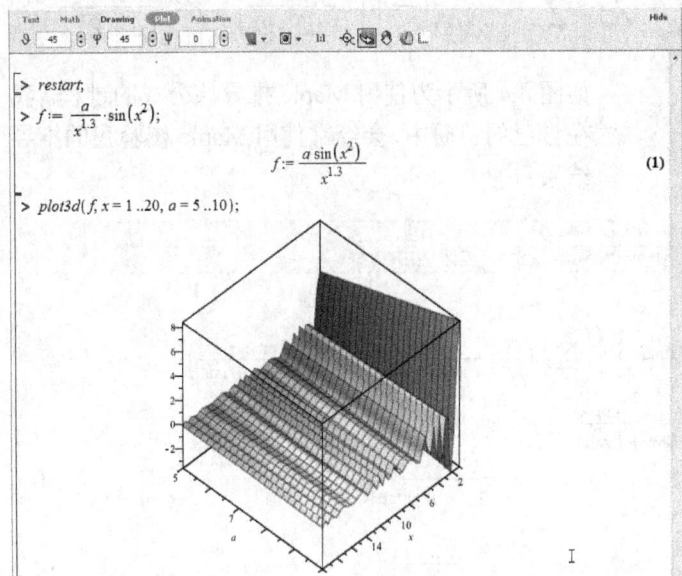

图 4.3　使用 Maples 进行 3D 绘图

最后再举一个实际的例子，来看 Maple 怎么帮助我们进行科研。这是一篇作者和几位师兄弟合作的论文：

Rongxing Lu，Xiaodong Lin， Tom H. Luan，Xiaohui Liang，Xuemin (Sherman) Shen. Anonymity Analysis on the Pseudonym Changing at Social Spots for Achieving Location Privacy. IEEE Transaction on Vehicular Technology，Vol.13，No.1，pp.127-139，2012.

在这篇论文里，有个公式(原文的公式(21))的推导，要简化这个表达式：

$$S_{\text{anony}} = \frac{\lambda}{\mu} - \sum_{x=1}^{\infty} \left\{ \left\{ \sum_{y=1}^{x} y \binom{x}{y} \left(\frac{\omega}{\omega+\mu} \right)^y \left(1 - \frac{\omega}{\omega+\mu} \right)^{x-y} \right\} \times \left[\frac{\mu \lambda^x}{(\mu+\lambda)^{x+1}} \right] \right\}$$

如图 4.4 所示为使用 Maple 推导该公式的过程。我在自己的科研中，会经常使用 Maple 校验我的推导结果。

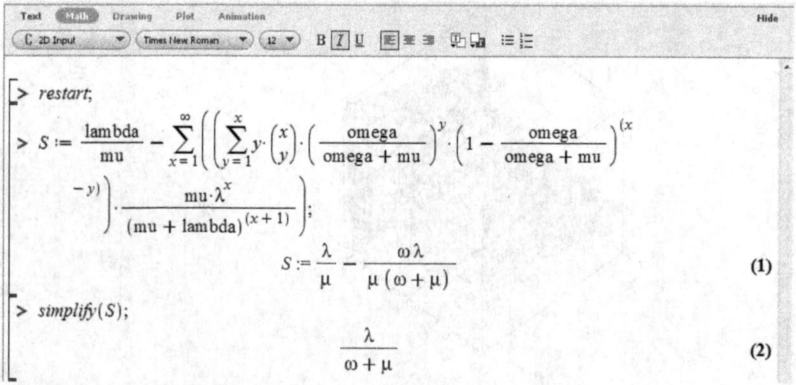

图 4.4　使用 Maple 进行公式推导

Maple 之所以如此强大，是因为它内嵌了数学上的很多科研成果以及优化算法等。它对数据的操作，并不是简单地使用拟合、近似等数值方法，而是采用数学推演以及分析的方法。这些都是我一位师姐告诉我的，我掌握的 Maple 知识也都是从她那里获得的。Maple 不光有很强大的符号运算，自己本身也可以作为文本编辑工具(Word Processor)来写讲义和论文并导出成 Latex 文件。Maple 是滑铁卢大学(University of Waterloo)数学学院开发的。很惭愧，虽然滑铁卢大学是我自己的母校，本人对 Maple 的掌握也是非常肤浅的，但是我对这个软件的敬仰，可谓是"滔滔江水，一发不可收拾"。

4.2   仿真工具

本节主要针对通信网络的仿真工具进行介绍。

4.2.1   仿真工具的比较

仿真就是用计算机软件模拟现实世界，如通信包的传输、通信协议的执行、通信信道的变化等。

对于通信系统的仿真，我们主要使用 Matlab 和 NS2(Network Simulator 2)。NS2 其实是一个用 C++撰写的开源的离散事件仿真器。NS2 还有一个 Java 的版本，基本与 C++版本的相同，只是使用不同的语言，但是因为所采用的语言的问题，仿真速度可能比不上 C++。下面重点介绍 Matlab 和 C++ 仿真器的不同。

Matlab 主要用于链路级仿真，而 NS2 更适于系统级仿真。

所谓链路级仿真，是指主要针对通信信道或通信链路进行的仿真，主要面向物理层的科研。在这种情况下，通信节点数量通常比较少，可能只是点对点的或者一点对几点的通信，比如基站和若干手机的通信。同时，通信协议比较简单，比如只包含简单的请求重传和信道编码，而不涉及多跳的路由问题和 TCP 的 Rate Control 协议等。链路级仿真主要使用 Matlab 是因为 Matlab 提供了大量的数学函数，可以非常方便地生成物理层所需使用的信道函数，如高斯噪声、瑞利分布等。同时，链路级仿真通常需要大量的数学运算，比如信号经过随机信道矩阵运算后的结果。这正是 Matlab 的强项。

所谓系统级仿真，是指仿真一个通信系统。顾名思义，这类仿真针对一个系统，可能包含较多节点和较为复杂的通信行为。例如，一个无线多跳网络中使用 AODV 的路由协议，同时节点间因为干扰，还采用了 IEEE 802.11b 的 MAC 协议，因此这种仿真通常使用 C++。原因是这类仿真有较为复杂的节点行为需要执行，包含大量循环语句。这样，使用 C++ 可以快速执行，而 Matlab 就望尘莫及。同时，系统级仿真主要仿真的是通信行为和协议，通常不需要大量的数学运算，C++ 完全可以应付。当需要使用数学运算时，我们可以加载 C++ 的一些数学工具包。但是这些工具包只适合完成简单的数学操作，完全不能和 Matlab 的强大数学能力媲美。

总结一下，使用 C++ 是因为它对循环语句的执行速度快，因此适用于仿真大型的、较为复杂的通信系统，即系统级仿真。使用 Matlab 是因为它的数学能力强，因此主要仿真通信行为简单，但是数学运算复杂且要求精度高的链路级仿真。

上面我们对于仿真器语言的选择，只是根据它们的执行效率而言的。Matlab 和 C++ 都是比较完善的语言。当然，如果你一定要用 Matlab 进行系统级仿真，也绝对没有问题。只是其仿真速度很慢。

对于一些有 C 语言基础的读者，还是尽量使用 C++ 的仿真器进行系统级仿真。这可能需要我们学习一些对面向对象编程的基本知识，这个很容易掌握。我们在本书的网站上放了一个我经常使用的 C++ 编写的仿真器，里边主要采用了类、符号重载和 STL Vector 的一些知识。这个仿真器的结构很简单，扩展性很强。

我喜欢使用 C++ 仿真，还有一个主要原因是 C++ 可以采用 MS Virtual Studio 平台进行调试 (Debug)。Virtual Studio 的开发环境要比 Matlab 友好得多，它提供了稳健的队列操作的库 (STL Vector)，并且有很好的代码查错和联想功能。使用 Virtual Studio 时，还可以加装 Virtual Assistant 插件。这个软件提供了强大的代码联想功能 (Intelligent Completion)，可以让你的编程事半功倍。

4.2.2　离散事件仿真器

NS2 是一个用 C++ 写成的大型的离散事件仿真器 (Discrete Event Simulator)。什么是离散事件仿真器？在我们的世界中，时间是连续的。仿真虽然是对真实世界的模拟，但是我们不希望仿真也是时间连续的，因为这会让我们的仿真变得很慢。例如，我们需要考察一个视频会议通信在十分钟内的性能，与此同时，我们可能需要将仿真重复一千次，然后分析统计意义上的通信性能。如果仿真的时间和现实世界的时间一样，那么我们需要的仿真时间就是十分钟乘以一千，这不可想象。因此，为了缩短仿真时间，我们通常采用离散事件仿真器。

通信系统中每个行为都被当做一个事件。例如，发射节点请求发射可以是一个事件，发射节点发出一个包和接收节点接收到一个包也分别是事件。每个事件都有一些基本的构成元素，如图 4.5(a) 所示。例如，每个事件包含一个明确的执行时间，用于指示该事件在仿真过程中执行的时间。若干事件之间会相互关联。一个事件可能会激发一个或者多个新的事件生成。比如在一个动态网络中，节点到达网络可以是一个事件(Join Event)。这个事件会激发其他事件，例如这个节点发射一个包(Transmit Event)。这个发射包的事件又会激发接收节点接收包的事件(Receive Event)。

离散事件仿真器的核心是一个事件的堆栈。每当有新的事件发生时，都会被插入到这个堆栈中，如图 4.5(b)所示。这个堆栈中的事件，按照时间的先后顺序排序，每次有新的事件入栈，都会激发对该堆栈的排序，从而保证时间在前的事件始终位于堆栈的前部。对于事件堆栈的执行，由一个大的循环语句控制，如 C++中的 Do...While 循环。如图

4.5(c)所示，仿真器不断地读取堆栈首位事件。当执行完该事件时，仿真器会将该事件从堆栈中清除，然后判断堆栈是否为空。如果堆栈为空，说明所有事件都执行完毕，那么仿真就终止。如果堆栈中还有其他事件，那么仿真器就执行堆栈首位的事件，循环上述操作。

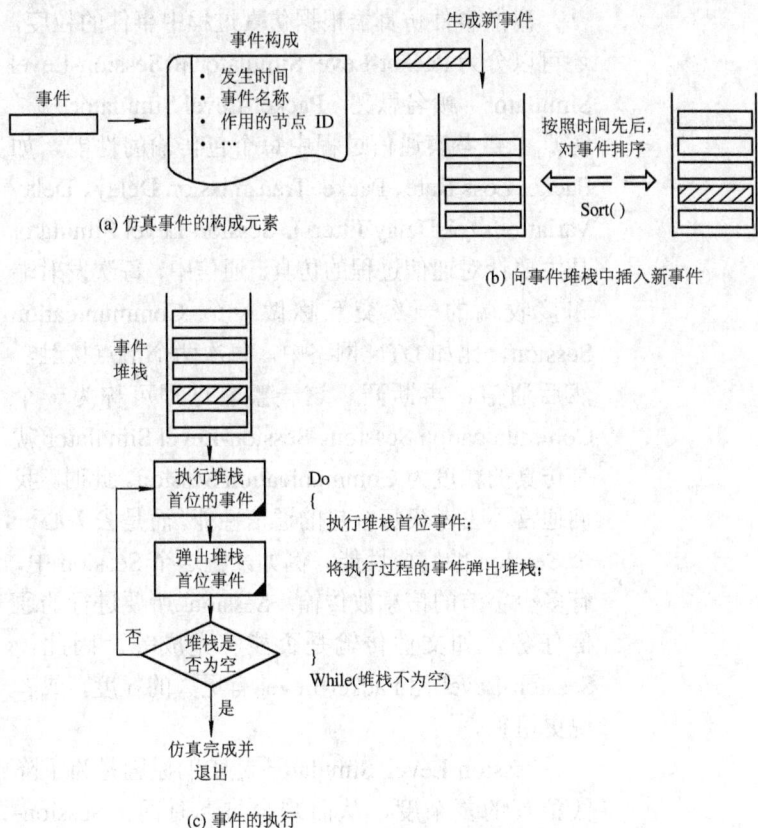

(a) 仿真事件的构成元素

(b) 向事件堆栈中插入新事件

(c) 事件的执行

图 4.5　离散事件仿真

如它的名字，离散事件仿真器可以在时间上跳跃，根据事件的先后次序进行仿真，因此去掉了现实世界里通信的等待时间，从而大大缩短了通信时间。

4.2.3　仿真粒度

离散事件仿真器根据仿真过程中事件的粒度，还可以分为 Packet-Level Simulator 和 Session-Level Simulator。顾名思义，Packet-Level Simulator 就是仿真主要考察通信过程中每个包传输的性能，如 Packet Loss Rate、Packet Transmission Delay、Delay Variations (or Delay Jitters)。Session-Level Simulator 是主要针对通信过程的仿真。通信中，每次发射端和接收端的一次交互称做一个 Communication Session。比如 DTN 网络中，每次两个节点接触，然后通信，再断开。这一整套过程可称为一个 Communication Session。Session-Level Simulator 就是仿真的粒度为 Communication Session。此时，我们通常不去考察每个包的通信性能，而是去关心一个 Session 的完成性能。例如，在这个 Session 中，有多少字节的信息被传输；Session 所要进行的通信任务，如文件传输是否能够完成等。因此，Session-Level 比 Packet-Level 有更大的粒度，或者说更粗犷。

Session-Level Simulator 粗犷的原因是为了降低仿真的复杂度，从而减少仿真时间。Session-Level Simulator 通常用于仿真大规模网络，如

Peer-to-Peer Network。在这种系统中，通常有很多节点存在，完成很多 Communication Session，并且很多包需要被传输。此时，如果把仿真的粒度作为包，也就是进行 Packet-Level Simulation，那么使用离散事件仿真器进行仿真时，会有非常多的事件要进行，因为仿真细节太多从而使仿真速度变得非常缓慢。另一方面，在这种大规模网络中，我们通常关注的是整体网络中部分 Communication Session 的性能，如一个节点在一段时间内的下载性能，而不关心每个包传输的性能是否好。因此，没有必要知道 Packet-Level Performance，也没必要被仿真。

4.3 论文工具

4.3.1 Latex

Latex 是一个排版软件。编辑它需要一个文本编辑工具(Word Processor)。在 Windows 系统下，我推荐两个工具，一个是 Winedt，另一个是 Scientific Workplace (SWP)。

这里首先介绍 Latex 和 MS Word 的区别。Word 是一个文本编辑工具，它采用所见即所得的方式实现对文档的排版。Latex 是一个根据代码执行的排版软件。由于它有一些代码，因此很多人(主要是学电子工程而非计算机专业的)对它比较抗拒。Latex 写出的论文，公式优美、版面灵活、页面参数精确可调，这些是因为 Latex 采用编译的方法执行。具体地说，Latex 用代码控制页面的参数，如页边距、行数、公式的大小等，每次生成文档时需要对 Latex 代码进行编译和执行。编译的时候，Latex 会根据这些版面控制语句，全局性地优化版面结构，调整公式位置、大小和前后上下空隙，在执行时插入图表等生成文档。因此，它不是所见即所得的，但是生成的论文经过精心计算和全局统筹，所以很优雅美观，尤其是对于公式的间距和大小。

我们专门提出 Latex 并鼓励每个科研工作者去使用它，尤其是经常需要在论文中撰写大量公式的朋友。坦白地讲，我在审论文的时候，如果发现投稿是用 Word 写的，我对这篇论文会抱有成见。原因是我认为这个论文的作者很可能是新手，认为这篇论文是一个很少发表过论文的人写的，因为他连 Latex 都不会用。

编辑 Latex 文件可以使用 Winedt 和 SWP，下面对这两个软件进行简单介绍。

4.3.2　Winedt

Winedt 是一个类似于记事本的很底层的文本编辑工具。用 Winedt 打开 Latex 文件，可以看到 Latex 的全部代码。Winedt 集成了 Latex 的编辑工具，并对 Latex 的关键词进行了不同颜色的高亮显示。使用 Winedt 的读者，可以安装中文 Latex 套装软件，即 ctex，可以通过网站 www.ctex.org 下载。下载基本版即可。完整版过于庞大，主要包含了所有 Latex 编译所需要的工具包。基本版包括了基本的工具包。如果有些工具包基本版没有包括，Winedt 会在编译 Latex 的时候自动提示下载。如果 Winedt 无法下载工具包，可尝试使用管理员权限打开 Winedt 软件。

我们在本书的网站上放了一个基本的 Latex 论文模板。Latex 的语句很固定，也很容易学习，不会使用的读者完全可以"照猫画虎"，先在模板上撰写论文。

用 Winedt 编译 Latex 文件，可以使用 PDFTeXify 和 TeXify，如图 4.6 所示。PDFTeXify 用于编辑插入 PDF 格式图片的论文。如果你文章中的图片是 EPS 格式，那么应该用 TeXify。这里推荐使用 PDF 插图，有两个原因：第一，PDF 格式的图很多工具都能很好地生成，如 MS Visio、Smartdraw，而 EPS 格式的图 MS Visio 不支持，需要生成 WMF 格式后进行转换，比较麻烦；第二，PDF 生成的图片可以表现复杂的效果，比如阴影效果，而 EPS 不容易做到。

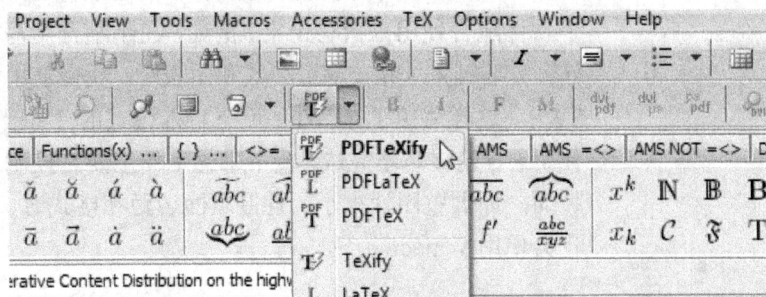

图 4.6　Winedt 的编译

想要学习 Latex 的读者，可以从《How to use IEEETran》入手；需要插图时可以参考《如何使用 Latex 插图》。这两个文献不需要通读，只需在需要的时候查询即可。

4.3.3 Scientific Workplace (SWP)

Winedt 的优点是可以看到 Latex 文件的全部代码；缺点是不是所见即所得的，尤其是写公式时。用 Winedt 撰写公式，需要先写代码，然后编译生成 PDF 文件后才能看到公式的样子，比较麻烦。

SWP 则刚好相反。它是一个所见即所得的 Latex 工具。在 SWP 中，编写公式如同在 Word 中采用公式编辑器编写公式，并且公式编辑器的所有热键也同样适用于 SWP。图 4.7(a)所示为一段论文在 SWP 中编辑的样子，图 4.7(b)所示为这段代码生成的 PDF 文件样貌。

SWP 的缺点是无法看到底层的 Latex 代码，这对于论文写作好后的版面调整不方便。因为 SWP 和 Winedt 的优缺点刚好互补，我通常将这两个软件配合使用来撰写论文。例如，在刚刚开始写作，需要键入大量文字、公式和图表时，我会使用 SWP。这样避免了在 Winedt 下输入公式的 Latex 代码。等论文基本完成，接下来的工作主要是控制版面，如调整图片大小、控制页面边距和格式时，我会使用 Winedt。

As such, within the infinitesimal interval Δt, the increment of $\mathcal{H}$ is normally distributed as

$$\Delta \mathcal{H}(t) = \mathcal{H}(t + \Delta t) - \mathcal{H}(t) = \mu \Delta t + \Theta \sqrt{\sigma \Delta t} \qquad \text{\# (equ: normal)}$$

with Θ denoting the random variable following the unit normal distribution.

Let r denote the initial headway distance from vehicle i to vehicle j upon the time instant when the headway distance estimation, i.e., $\mathcal{H}(0) = r$ is initiated. Let $f_H(x; r, t)$ denote the probability density function (pdf) of $\mathcal{H}(t)$ at time t, conditional on the initial queue length, and

$$f_H(x; r, t) = \Pr\{ix \le \mathcal{H}(t) \le x + \Delta x | \mathcal{H}(0) = r\}.$$

With the model in (ref: equ: normal), $f_H(x, r, t)$ can be characterized by the Kolmogorov equation (alternatively known as Fokker–Planck equation) as

$$\frac{1}{2}\sigma \frac{\partial^2}{\partial x^2} f_H(x; r, t) + \mu \frac{\partial}{\partial x} f_H(x; r, t) = \frac{\partial}{\partial t} f_H(x; r, t)$$

$$\text{\# (equ: forward equation)}$$

subject to the initial condition of the headway distance,

$$f_H(x; r, 0) = \delta(r), \qquad \text{\#}$$

with $\delta(\cdot)$ denoting the Dirac delta function.

Solving (ref: equ: forward equation), we have cite: cox1977tsp

$$f_H(x; r, t) = \frac{1}{\sqrt{2\pi\sigma t}} \exp\left\{-\frac{(x - r - \mu t)^2}{2\sigma t}\right\} \qquad \text{\# (equ: pdf headway)}$$

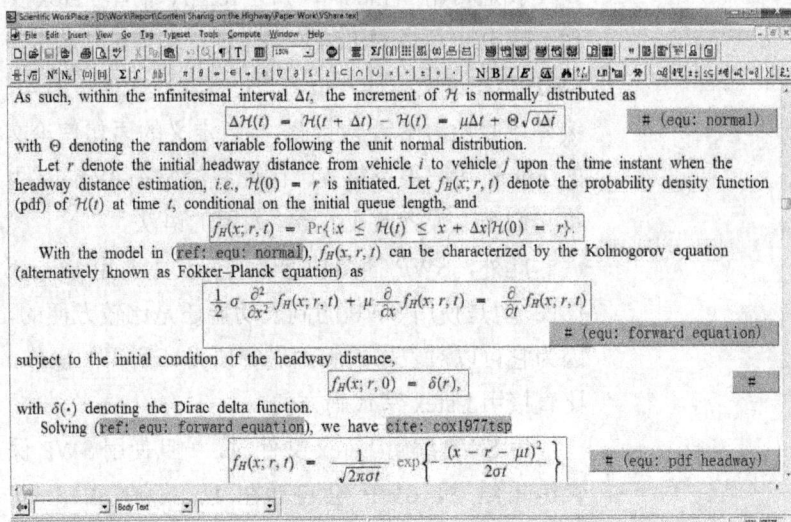

(a) SWP 环境下的论文输入

As such, within the infinitesimal interval Δt, the increment of $\mathcal{H}$ is normally distributed as

$$\Delta \mathcal{H}(t) = \mathcal{H}(t + \Delta t) - \mathcal{H}(t) = \mu \Delta t + \Theta \sqrt{\sigma \Delta t} \qquad (1)$$

with Θ denoting the random variable following the unit normal distribution.

Let r denote the initial headway distance from vehicle i to vehicle j upon the time point of headway distance prediction, i.e., $\mathcal{H}(0) = r$. Let $f_H(x; r, t)$ denote the probability density function (pdf) of $\mathcal{H}(t)$ at time t, conditional on the initial queue length, and

$$f_H(x; r, t) = \Pr\{x \le \mathcal{H}(t) \le x + \Delta x | \mathcal{H}(0) = r\}.$$

With (1), $f_D(x, r, t)$ can be characterized by the Kolmogorov equation (alternatively known as Fokker–Planck equation) as

$$\frac{1}{2}\sigma \frac{\partial^2}{\partial x^2} f_H(x; r, t) + \mu \frac{\partial}{\partial x} f_H(x; r, t) = \frac{\partial}{\partial t} f_H(x; r, t) \qquad (2)$$

subject to the initial condition of the headway distance,

$$f_H(x; r, 0) = \delta(r),$$

with $\delta(\cdot)$ denoting the Dirac delta function.

Solving (2), we have [19]

$$f_H(x; r, t) = \frac{1}{\sqrt{2\pi\sigma t}} \exp\left\{-\frac{(x - r - \mu t)^2}{2\sigma t}\right\} \qquad (3)$$

(b) 生成的 PDF 文件

图 4.7   使用 SWP 进行论文写作

我通常用 Winedt 的 PDFTeXify 编译 Latex 文件。SWP 也可以对 Latex 文件进行编译，但是由于 SWP 会在论文中插入很多自己定义的 Latex 语句，编译可能经常出错，而且这些自定义的语句使论文的 Latex 代码很不整齐，因此我经常在 Winedt 里将它们删除或者改成 Latex 通用的语法。

此外，SWP 插图功能不好，我主要用 Winedt 插图。但是使用 SWP 的制表功能还是比较方便的，因为它可以对表格的版面进行所见即所得的操作，比直接用 Latex 写代码方便。

用 SWP 编辑 Latex 文件时，一旦使用 SWP 保存编辑结果，SWP 会自动在 Latex 中插入一句 \input\tcilatex，意思是调用一个 tcilatex 的宏包。这个宏包保存在 SWP 的安装目录下，需要寻找这个文件的朋友可以用 Windows 自带的搜索功能去搜索 SWP 安装目录。我通常将这个包的文件拷贝到论文的存储目录下，使 Winedt 可以编译含有这个宏包的 Latex 文件。最后，等论文编辑基本完成，完全摆脱 SWP 时，就可以删除 \input\tcilatex 这句话了。

我们在本书的网站上放了一个 SWP 的教学录像，想学 SWP 的读者可以在 15 分钟内掌握它。表 4.1 是 SWP 的一些热键，对于使用 SWP 写论文很有帮助，建议读者记忆。

表 4.1　SWP 热键

公式行	Ctrl + D	Display	上角标	Ctrl + H	Superscript
分式	Ctrl + F	Fraction	下角标	Ctrl + L	Subscript
积分	Ctrl + I	Integral	圆括号	Ctrl + (	Bracket
根号	Ctrl + R	Root	方括号	Ctrl + [	Square Bracket
绝对值	Ctrl + \	Absolute	文本输入切换	Ctrl + T	Text

4.3.4　绘图

　　下面总结一些常用的绘图工具和技巧。

　　绘图通常采用的软件是 MS Visio。记住 Visio 的热键，对绘图大有帮助。例如，按住 Shift 键的同时滑动数遍滚轮，可以左右移动视图；按住 Ctrl 键的同时滑动滚轮，可以将视图放大或缩小；按住 Ctrl 键的同时鼠标拖曳一个绘图元素，松开鼠标时可以复制该元素。这些热键操作在 MS Office 的软件中都基本通用。此外，我还推荐使用 SmartDraw 绘图。与 Visio 相比，它不支持上述热键，但是有一些精美的图库可以选择。

　　绘图时我们经常需要一些小的元素图(或者叫 ArtClip)，这些图可以通过网站 image.google.com 下载。此外，通过微软的 Office 主页也可以下载这些图。

　　在 Latex 中需要插入矢量图，通常的矢量图格式有 EPS、WMF 和 PDF。其中，EPS 和 PDF 的图是可以在 Latex 中直接插入的。当我们使用 Visio 绘图，然后把图保存为 PDF 格式时，生成的图可能有较大的白色边框，需要被裁剪掉，此时可以使用 Acrobat Pro 里的裁剪(Crop)工具。图 4.8 介绍了其基本操作过程。

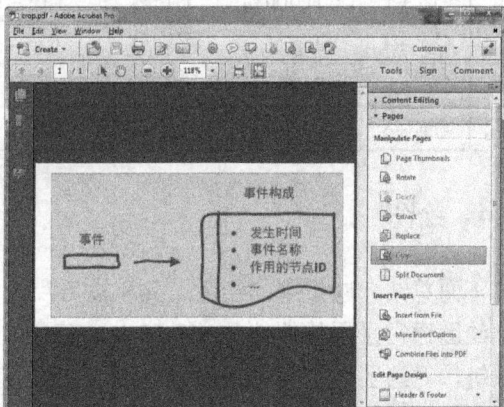

(a) 选择裁剪功能，用鼠标左键圈定所需裁剪部位

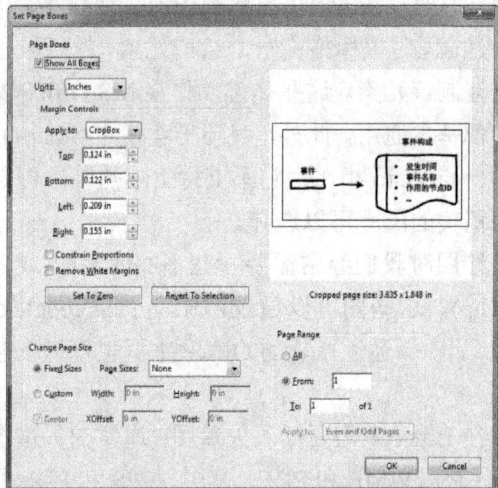

(b) 在裁剪区域内双击鼠标左键，生成对话框

图 4.8 使用 Acrobat Pro 进行白边剪裁

4.4 小结

本章我们介绍了一些做科研和写论文时可能会用到的工具，主要介绍了 Maple。此外，Mathmetica 也提供符号运算，并且在解微分方程上提供了很多便利，有兴趣的读者可以自己去研究一下，看看是不是会对自己的科研有帮助。

对于本章介绍的一些工具，我们会在本书的网站上提供一些相应的材料。

后 记

本书所要传递的信息只有一个，就是在你的一生中，都应该"想"清楚。科研的成果是想出来的，论文结构需要规划是想，语言是否恰当需要斟酌也是想，如何提高自己的写作能力需要想，如何选择一种自己喜欢的方式写论文需要想，科研遇到困难如何摆脱还需要想。这就是读博难的地方，也是我们对于人生总是感觉无法掌控的原因：一切都没有固定的模式，都需要我们积极地想、积极地做。当你学会了如何系统地、独立地去思考问题时，你读博的目的也就达到了。

在本书中，我们试图介绍我们自己做科研中的具体方法。这些方法的形成都是有原因的，就像我们的科研课题，都是需要结合实际，有原因地存在和有针对性地解决。希望读者读完这本书，可以仔细地去想，去回忆和体会我们讲述的这些方法，把它们融汇到自己的科研中。

对于本书所讲的内容，希望读者可以结合自己的情况思考，然后总结出属于自己的一套科研和写作方法。同时，如果读者有自己认为很好的写作技巧、方法和工具，愿意与他人分享，请发电子邮件告知作者，我们会将其署名，并放在这本书的网站上。

图书在版编目(CIP)数据

科研有方：科研需要"想好"再"做"/栾浩，樊凯，项阳著.
—西安：西安电子科技大学出版社，2014.5(2018.8 重印)
ISBN 978–7–5606–3371–8

Ⅰ. ① 科… Ⅱ. ① 栾… ② 樊… ③ 项… Ⅲ. ① 科学研究—研
究方法 ② 科学技术—论文—写作 Ⅳ.① G312 ② H152.3

中国版本图书馆 CIP 数据核字(2014)第 070882 号

责任编辑 雷鸿俊 马晓娟
出版发行 西安电子科技大学出版社(西安市太白南路 2 号)
电 话 (029)88242885 88201467 邮 编 710071
网 址 www.xduph.com 电子信箱 xdupfxb001@163.com
经 销 新华书店
印刷单位 北京虎彩文化传播有限公司
版 次 2014 年 5 月第 1 版 2018 年 8 月第 2 次印刷
开 本 850 毫米×1168 毫米 1/32 印张 4.5
字 数 104 千字
定 价 12.00 元
ISBN 978 – 7 – 5606 – 3371 – 8/G

XDUP 3663001-2
* * * 如有印装问题可调换 * * *